# 你本就擁有的
# 完美生命

讓每一口呼吸都喜悅圓滿的方法

LIVING FULLY

FINDING JOY IN EVERY BREATH

夏鉑坦真仁波切——著　陳霞琳、楊啟萱、連秀卿——編譯
Shyalpa Tenzin Rinpoche

# 目錄 contents

# 導言

最了不起的人，莫過於能活出圓滿。我的偉大上師即是如此，在眾多弟子懇請下，他用三句話總結自己的一生。許多其他成就非凡的上師則洋洋灑灑地記錄下自己的生平，他們的故事同樣發人省思。我自認一生平淡無奇，並且認為傳遞訊息的內容，比由誰來傳遞更加重要。儘管如此，我還是欣然受邀，分享自己半生的生命歷程，也許能和有興趣的讀者們結緣。

我出生在喜馬拉雅山山腳下。過完一歲生日後不久，便隨著全家搬遷到印度東部的奧里薩邦（Orissa）。我的父母在西藏時屬於有產階級，家境小康，但離開西藏後，他們必須放下身段為玉米田砍樹、整地，成天在大太陽底下勞動。幼年時期的我主要是由祖父母照顧，他們以愛與關懷養育我；他們是我的啟蒙老師，因為我從他們身上學到如何保護、照顧他人。

在我很小的時候，就有許多徵兆預示我的一生之路。祖母曾告訴我，當我兩歲時，只要進入寺廟，必定恭敬合掌。當地一位年長的轉世喇嘛告訴祖母，我注定要成為一位心靈導師。

四歲時，我每天隨著父親在天剛破曉之際誦唸經文、修持儀軌。我不像其他孩子般時常與玩具相伴，反而對法器更有興趣。這些聖物讓年幼的我與佛法結下不解之緣，並啟蒙我走上一生的修行之路。

六歲時，我開始到公立學校就讀，下午放學回家後我會學習、背誦佛典一直到晚餐時間。那時只要聽到外頭玩捉迷藏或踢足球的笑鬧聲，我就會很想在午後陽光下加入遊戲隊伍。然而充滿智慧的祖母深信我將成為精神導師，於是慈祥地鼓勵我，繼續專注在禪修課程上。

十五歲生日時，祖父要我從村裡挑一位女孩做妻子。只不過，在那青澀的年紀，我更想投入佛法修習。沒多久，我被印度鹿野苑的高等藏學研究中心錄取。在那裡，每天早上我都和同學一起學習古代哲學、儀軌和祈禱文；下午，我們則在大學周圍滿室生香的庭院裡席地而坐並熱烈地辯經。年復一年，我對心靈修習之路的理解與信念也愈來愈強。

入學後第六年，我收到一封家書，得知祖父往生的消息。我懷著悲慟的心情，趁著暑假回到家中，沒想到又接到繼父過世的消息，就連親生父母也都陷入重病中，母親甚至昏迷不醒。我和僧侶、喇嘛們一同助念，為往生者超渡，並為患者祈禱。當時的我多麼希望能幫助雙親重獲健康，然而他們的病情卻十分不樂觀。

佛家傳統相信，拯救即將被宰殺的牲畜，能將牠們從痛苦中解脫出來，並為自己增壽。更重要的是，心生慈悲，能夠為瀕死之人消解負面迷障。當我們心生真正的慈悲，就會否極泰來。在母親昏迷的第十二天，我把支付醫藥費後所剩餘的錢，用來贖回數萬條魚兒，讓牠們重回恆河的懷抱。之後母親果真奇蹟似地甦醒過來，並得以安然休息，雙親的健康也逐漸康復。

經過數年學習，對佛教基礎哲理有了全面的認識後，我遇見了我的根本上師，以及數位了不起的上師。我從他們身上得到大圓滿傳承的教法、口傳、灌頂以及祕密灌頂。「大圓滿」是佛陀的最高教法，是取得直接覺悟心智那清澈光明本性的究竟之道。

二十一歲時，我受邀到西藏東部的康區，並被任命為夏鉑寺暨禪修中心的精神領導人。尊敬的堪布喇嘛卡瑪多傑以及其他當地的喇嘛們舉行蓮花生大士的內密法會，做為我坐床儀式的一部分。這個儀式將大願祈請做為供養供奉給第二佛，也就是將佛陀珍貴教法從印度帶入西藏的蓮花生大士。他們的親切接待讓我感到謙遜；他們對我充滿信心，使我更堅定一肩扛起帶領寺院的決心。能夠盡心盡力，我與有榮焉。

一九八七年，我受邀到美國講學。我對美國充滿好奇，因為在印度的瓦拉納西，我接觸過許多美國觀光客，他們告訴我美國雖然物質豐富卻心靈貧匱。抵達美國東岸時，我的口袋裡只有一百塊美金。其後，我循陸路穿越全美，抵達西岸的洛杉磯，然後再返回東岸的佛蒙特州，不斷在各地講學。很快地，我就得知許多美國人都在尋找快速滿足的方法——無論是速食還是快速成佛。

一些親近的學生們懇求我留在美國，於是我在麻州美麗的博克郡住了許多年。我在那裡過著半閉關的日子，並一面拜讀、思索《龍欽七寶藏》。這是西藏最偉大的學者和禪修大師龍欽巴一生最具開創性的著作，而我對這些深刻教法的信念與信任也與日俱增。同時我也更加確定志向，要以平易近人的方式，將這些智慧珍寶介紹給愈來愈多堪受的心靈探索者。

在那之後，我試著滿足我的上師們的心願，與來自世界各地的心靈探索者分享自己對於佛法和修煉的理解。我覺得自己很有福報，能夠親近一個能指引我們前往圓滿成就的智慧傳承。我們如此幸運，能有時間和興趣聽聞、修習這些教法。至今，佛陀的教導仍然有如甘美的甘霖般降臨在我們身上，讓我們在此生有能力從妄念的迷霧中覺醒，體驗到真正本性所發出的耀眼光芒。

能夠持續體驗生命最無上、豐美本質的人，被認為是「覺悟者」。愈能與生命的本質富足合而為一，我們就愈能活出圓滿，進而真正享受生命的珍貴，慶賀每分每秒。說到底，佛陀和你我並無不同，佛陀實現了覺悟能力，而你也有同樣的潛能。

存在內心的覺悟本性，自無始以來本就圓滿，我們毋須虛造一切，因為一切早已完美如斯。我們的真正本性正如太陽一樣閃耀。我們必須時時覺察這無條件的光明本性，即使在最黑暗的日子裡亦如是。

在意識形態與迷亂困惑大行其道的紛擾年代，佛陀的教法呼喚我們回到心靈原鄉，在那裡我們可以找到簡樸、清新的本來狀態。除了這個生命的根本狀態，我們完全毋須考慮其他一切。就讓我們自由地呼吸，擺脫一切早已習慣的壓力與緊張。我衷心期盼佛陀的珍貴智慧教法能幫助、引導一切眾生找回真正、無條件的本來自性。只要調和內在，並自在地與世界相處，我們就能夠了解圓滿活出每一刻的意義何在。

第一章

# 活出圓滿

## 本然的自由

不論是否已經察覺，我們內心最深切的渴望，就是分分秒秒都能體驗生命的富足與圓滿。其實每個人都能活得圓滿，問題在於我們該如何辨認出這種能力。通常我們都認為，只要滿足物質上的慾望就肯定能為自己帶來歡樂；然而，一旦我們想抓住歡樂，希望藉此找到快樂，它卻會從指間溜走。一客聖代冰淇淋、一部恐怖片或是一杯上好的夏多內紅酒，都會扭曲我們的本然特質。當我們覺得寂寞或得不到別人的認同，也許會吞下一整條巧克力，用巧克力的甜美滋味換取短暫的慰藉，但寂寞空虛很快就會再度占據內心。我們之所以經常將感官的歡樂當成短暫的慰藉，原因在於無法體驗每一刻本有的純粹滿足。

在民主國家，人們對自己所擁有的「自由」感到欣慰與驕傲。但我們很少能夠真正好好地利用自由所給予我們的閒暇與契機，誤以為擁有自由，就可以不受約束，恣意放縱、為所欲為。這麼做也許可以提供片刻的滿足。然而，無止盡的尋歡卻不是享受自由的真正法門。

唯有知道如何「降服」，才能真正體會「自由」。降服的能力，來自於「自律」的生活。所謂「降服」，並不同於士兵向長官行禮，表示對高階權力的順從或屈服；真正的降服，是放棄嘗試滿足我們所有的希望與期待。如果我們能夠放棄嘗試編織一個「完美」世界，就能體驗不被「想要更好」這個無止盡的渴望所腐蝕的真正自由。對內在的潛能信念愈深，愈願意以這樣自然的方式降服，也許會在最意想不到的地方發現最純粹的愉悅。

「自律」提供我們降服的空間，讓我們對自己的內在財富產生信心。所謂自律，並非苛求自己，也不是非得成天待在幽暗的山洞裡禁食或持咒。真正的自律不是懲罰，而是一條通往開悟的平和之路。缺乏這種心智訓練，我們的慣性思考就會占上風，將自己束縛在凡夫俗子的處事方法中。

五花八門的修行方法，都只是幫助我們超越自己的工具，只要加以訓練，我們就能開發這些本領。當我們修煉正念，訓練自己擁有更敏銳的覺察力，就不會困在慣性思考和狹隘的見地中，而是打開蓄滿新鮮能量的倉庫，在每一口呼吸的生命力中自我重生、活出圓滿。

如果我們把力氣花在保護自我形象，不斷自我辯護，將會榨乾神聖的能量；當我們企圖定義並證實自我身分，焦慮和壓力也會隨之降臨。唯有認識自己是誰才能滿足，並在每一次呼吸中享受本然的自由，自律的生活方式也將變得輕鬆而不費力，而我們也會領悟到，體驗內心平和與長久幸福是多麼容易的一件事。

## 赤裸地活著

我們最急迫的挑戰，就是活出圓滿。若不能活在每個當下，把握寶貴的人性本質，人生就無法真正圓滿。我們或許暫時能夠維持身體健康，過著舒適的物質生活，然而生命消逝之快，如同沙漏中流洩的沙子，誰能保證，明天早上你一定能從夢中醒來？

請謹記在心，我要誠懇地建議你，現在就全然地呼吸！留心過生活，把每天都當成人生最後一天。即使有些人覺得，老是想「抓住每一刻」會令人瘋狂，但只要是「好的瘋狂」，偶爾瘋狂一下又何妨？人生沒有必要無時無刻都照著準則行事。況且，到底什麼是準則？又是誰規定的？當你清楚明白生命的可貴與無常後，就會選擇一種對自己最有利，也最有意義的方式生活，更不需要別人來肯定。

也許你身邊環繞著深愛著自己的親朋好友，但請一定要記得，我們是赤裸裸、孤零零地來到這個世界，最後也會如此離開。那麼，何不赤裸裸地活著？不需遮掩，也毋需偽裝。「赤裸地活著」意指以最原本、清新的面目活在當下。當我們不再受限於任何條件、不被環境束縛時，就會視一切如完美。

生命不是一場彩排，所以活在當下也不容許妥協。別和自己的過去未來、對錯、好壞妥協。一旦我們只以「自我」為中心，心裡就會被渴望和恐懼攪動到焦慮不已。我們希望心想事成，又害怕事與願違。活出圓滿，就是毫不妥協地活著，不被任何念頭、感受或情緒腐蝕。試著誠實面對一切心中的負面情緒，如果有幫助，不妨找個僻靜的地方閉關，修習覺悟者的教導，審視自己的內心。

遵循佛教傳統的人被稱為「修行者」，因為他們並非全然接受佛陀的教法；他們就像冶金師傅檢驗黃金純度那樣，會親身應用教法並測試其真實性。佛教徒把訓練自己的心智當成修行，如同長跑選手為了參加馬拉松大賽訓練體能。始終如一的心智訓練，能夠讓我們脫離惡念與負面情緒。

無論身在何方，所行何事，當下就能夠善巧地解放迷惑，才是最精粹的修行。這是最好的生活方式，也是真正的修行方法。

## 生命真正的目的

修行能讓我們發掘自己的本有智慧，也就是生命的本質。當我們領悟這道內在光芒時，生命中的痛苦和黑暗便會消失；在這一刻，我們才有機會驅逐「無明」，並享受真正善的生活方式；當內心的障礙得以淨化時，困惑才會消失。若要問人生目的為何？答案無非是好好利用生命，讓自己不被困在黑暗、絕望之境，沒有機會運用智慧。

但是我們必須明白：人都會自我矇騙。如果我們過去曾受過苦，或者正在受苦，這並不是別人的錯，而是自己造成的。我們覺得自己很聰明，其實是在欺騙自己。

佛陀教導我們如何運用基本智慧避免自我矇騙。就算閉關多年、誦念心咒無數遍，或者以大慈善家的姿態出現，我們可能還是在欺騙自己。近年來，許多來自東、西方的心靈修行者，宣稱禪修多年，也相信自己已經大覺悟。只不過，有些修行者似乎不明白自己為何禪修，或者禪修能如何改善其生活方式。這些都在在顯示他們尚未了悟生命的真正目的。

能理解「無常」的意義，是人的福報。我們必須隨時謹記在心：人的生命就像是夏日午後的雷陣雨，既短暫又難以預測。我們無法得知生命何時會結束，唯一能肯定的就是它一定會結束。

因此，我們應該迫切地追尋一條心靈之路，讓它幫助自己實踐我們本有、已覺悟的特質。唯有如此，我們才能明白什麼是完完全全的滿足，並確信自己已達到生命的目的。我相信，這才是處理每天所遇到的問題，以及體現真正心靈生活的最佳途徑。

## 真正的滿足

我們常用傳統的思維模式和方法來解決問題以及尋求滿足，但這麼做，能夠真正有效解決問題嗎？這麼做，能夠讓我們更接近無條件的喜悅和自由嗎？

如今，只要口袋裡有些錢，我們就有自由做自己想做的事，買自己想要的東西，只要擁有足夠的資源，幾乎什麼願望都有辦法實現。然而，相信這種偶然且短暫的成就，就好比相信海市蜃樓真實存在。我們雖然可以依賴有條件的因緣以獲得滿足感，卻會永遠渴望得到更多。只要活在相對的世界裡，一切都有條件，都建築在缺乏穩定性且不斷改變的因緣上。

當我們認為只要達成有條件的目標，就能夠獲得長久的滿足感時，其實是在愚弄自己。然而，我們卻很容易被自己的小聰明所誘，渾然不知自己已經浪費寶貴光陰，耍著自以為是的花招繞著圈圈白跑。

請別誤會，我們當然有自由去做想做的事。但迫在眉睫的就是我們必須降伏傲慢與自大，從「自私」中解脫出來。就像囚犯掙脫手銬腳鏈，我們必須掙脫折磨自己的困惑和一切負面事物，這樣才能重新發現從負擔與局限中得到釋放生命的本然狀態。

生命的本然狀態是一種清淨、遍布一切的覺知。這種覺知沒有形體，卻能映照、顯現一切現象。我們一生所追尋的就是發掘真正的本性，超越任何限制，沐浴在無條件的自由中。這樣，我們就不會忘記，自己無時無刻都在享用一份無價之禮——我們的呼吸。每一吸一吐都彌足珍貴，永遠都有新發現，以及不斷揭示的真相，於其中我們才能得到真正的滿足。切記，不要過於依賴外在事物，而是從本來就屬於我們的深深呼吸中，找出活出圓滿生命的能力。

第二章

# 明智的開始

## 踏出第一步

生命確實是個寶貴的機會。如果我們嚮往圓滿的生活，就必先釐清自己的起心動念。每做一件事或是踏上一趟旅程之前，先檢驗自己的動機和目標：我們是為了工作還是樂趣而旅行？為了面試還是訪友而旅行？對於旅途感到興奮期待抑或惶惶不安？自己希望達成什麼樣的目標？

檢驗自己的動機有其意義，因為動機的純淨與否將為往後的一切定調，決定我們旅程的方向，以及成就最終的結局。在此傳承中，我們認為「有心則事成」。

也許你閱讀本書，是想要知道「如何過得更快樂」。若是如此，就必須意識到：不僅你和我，所有人都想要快樂，都希望少受點苦、活得更愉快。

當我們真誠希望大家一起找到快樂，以此願望做為一切的開頭，自能在一切所為中得到更多滿足與身心安樂。

雖然每個人在生命中都有相對快樂的時光，卻鮮少有人能夠真正擺脫壓力與不安。大家都在掙扎，每人都有痛苦。從現實意義上來說，我們都是焦慮思維與情緒的受害者。或許我們會覺得自己的境遇坎坷、屢遭厄難，請記得：一切眾生皆同病相憐；彼此其實是旅伴關係，同時身處在時而危險、時而顛簸的旅程中。唯有將共赴喜樂的旅程當成目標，方能夠減輕自己以及他人的包袱。

若真能以此殊勝的方式邁出第一步，我們的生命會更加豐盈，如同以金縷絲線密密點綴一張美麗的掛毯。溫柔地擁抱全宇宙，將一切眾生視為人生旅程中的夥伴。你我都在同艘船上，自該將心比心，照顧所有人。誠然，要如此提升自己的思維模式並不容易，因為多數人花了大半時間，卻只留意「自我」；訓練自己的心吧，多為別人著想，我們的視野會更開闊，心會更柔軟。帶著一顆仁慈的心，邁出第一步，就是最明智的開始。

## 仁慈的動機

要活出圓滿，就必須把每件事都做到徹底；要做到徹底，一開始的動機就必須純淨無私，也就是要升起仁慈之心。

當我們一切作為缺乏善意時，不會得到完美的結局；當一切作為並非源自純淨的心時，我們的潛能將因此受限，生命一片空虛、毫無意義。反之，如果凡事以服務他人為目標，我們的生命將得到鼓舞，每一口呼吸都是滋美的禮物；換句話說，正面態度能美化我們的生命，如同珍貴的珠寶能讓穿戴者看來更加美麗。在佛教傳統裡，我們常用「點金石」來比喻仁慈心轉化的力量：一個慈善的願望正如一塊點金石，能將不起眼的金屬變成耀眼而珍貴的黃金。

若萬般念頭只從自我出發，這種自私的意念即不純正。做事的動機不純正，很快便會失去熱情和興趣；不管計畫一開始多麼令人興奮，最終只能得到失望的結局。因此，我們從一開始就必須強化決心、淨化動機以及喚醒善心，行為才會散發出品德與正直的燁燁光芒，也不會輕易感到失敗或氣餒；我們能尊敬自己也敬重他人，正因此尊敬之心源自深植內心的善良本性。

在計劃事情時，請先花些時間反思，直到升起純淨的念頭；讓「純淨」在心中培植養護，深植於心之後再付諸行動。許一個誠摯的願望，願自己與他人的交往成為他們此生和來世快樂的因，最終引導他們達到全然覺悟的身心安樂之地。

## 解開「我愛」的鎖鏈

唯有純正的動機方能使事情順利完成，如同老鷹順應氣流，毋須花費多餘力氣便能在風中自在翱翔。如果缺乏來自慈悲心的高尚發心，就算我們日以繼夜，靜坐禪修百年，也無法在修行之路上獲致任何有價值的成果。我們做「什麼」並不重要，重要的是「怎麼」做。

沒有人會喝下一杯滴進毒藥的牛奶，但是如果我們被自私的目的所驅使，後果跟喝下毒牛奶同樣致命。反之，如果我們誠摯地希望化解別人的苦難和傷痛，生命也因而更為璀璨美麗。

當我們過度關注一己的慾望和利益時，只會限縮自己得到快樂的機會；如同一個吝嗇的人擁有財富卻對別人的生活不聞不問，他的財富帶給他的除了孤獨、乏人關愛之外，毫無意義和價值。關心別人最能磨練我們的情感智慧，凡事從有助於全人類的高貴目標出發，生命才會充滿喜悅與意義。我們以莊嚴的動機出發，為眾生的利益而證得覺悟。在此傳承中，我們這麼說：「初始有莊嚴，修行有莊嚴，成果就莊嚴。」

真正的修行之路，能夠鬆開「我愛」鎖鏈的捆綁，讓心不受緊箍，願景不受桎梏，眼界不再狹隘。真正的慈悲能夠照亮生命，幫助我們引導別人，如同燈塔為迷航的船隻指引方向、安全返港。隨時檢視自己的意圖，問自己「仁慈心安在？」並深植內化這股力量，成為自然而然的生活方式。

## 每日祈禱文

想要完全體現自己的潛能並獲得真正的自由，就必須時時刻刻對他人心懷慈悲與關愛。能擺脫自私的想法和行為，就能享受渾然天成的自在與獨立感。

修行的成功與否，取決於「利他」的動機。心靈如能純淨，修行之路自將純淨：你會見到萬物的神聖性，感到生命如此彌足珍貴，沒有時間留給任何一個輕率的閒言閒語。

在佛教修行中，心生慈悲是不可或缺的功課。每天早上醒來的那一刻、喝下第一口咖啡或是刷牙洗臉之前，請先誦唸這段簡單的祈禱文：

願我行以純正的動機；
願我遠離自私的方法；
願我帶給他人喜悅與幸福；
願我解脫他人痛苦和悲傷；
願我有顆廣闊且寬容的心，容下全世界。

發此善願的力量，可以讓我們一整天充滿活力與意義。在上班、見到同事、用餐或與家人享受天倫時光之前，先喚起這種寬容的精神；晚上就寢前，檢視反省自己的一天，為自己的心懷慈悲感到歡喜，自能安穩入睡。隔天醒來時，你會發現自己身心內外煥然一新、宛如新生。

## 本有的智慧

「一切眾生皆想離苦得樂。」這句格言很值得玩味，不論是我們認為的仇敵或是朋友，人心皆如此。不需任何教條多加闡述，只要運用智慧就能了解這恆常的道理。常理告訴我們，所有人都希望遠離痛苦，享受快樂。我們用各種不同的方式追求快樂，有些人累積財富，有些人尋歡作樂，有些人則探索心靈修行路上的解脫潛能。倘若我們只追求一己之樂，是否能成功？片面追求快樂，無法保證這種滿足快樂能恆久維持，唯有關懷、愛護天下眾生，方為保證彼此滿足的明智之舉。有句俗諺足資證明：「想要做得好，行善不可少。」

追尋快樂的過程中，我們的作為常常適得其反，結果往往以傷害別人和自己的悲劇收場。雖然一心想要獲得快樂，追求的方式卻相當狹隘自私，以致欺騙了深愛的人，疏遠了朋友或是欺瞞了生意夥伴。試想：面對一盤自己最愛的食物，你因為狼吞虎嚥導致傷了腸胃，進而對食物產生退怯的心理；其實只要遵循常理，就可以吃得分量適中、滋味恰好。同樣地，當我們一心只有自私的打算，紛擾的情緒起伏會讓我們心生厭惡；就像身體會告訴我們飲食不可過量，內心本有的智慧也能夠防止自私的行為。了解這些，我們才會更小心、深思熟慮地行事。利益眾生的願望是最棒的願望，是治療煩惱、遠離痛苦的完美解藥，因為它能夠戰勝一切有害的念頭。願我們始終抱持這樣的心願，永不離棄。

## 人生就是一段心靈之旅

修行的核心與一個信念互為緊密連繫：相信人類的無限潛能。無論有無意識，生命的旅程都在進行著。在這趟旅程中保持正念，我們就能夠真正體會這個世界的神聖性。

許多人對於「成為有靈性的人」抱持懷疑的態度。殊不知，對你我來說，靈性並不陌生；如同橡樹的雄偉藏身於微小的橡實內，靈性一直存在於我們心中，我們理應獲得它的祝福。一切有呼吸的生命都有無限成長與心靈成熟的潛能，是我們與生俱來的權利。覺悟者如你我，都是會呼吸的生命！

這趟深刻的心靈之旅便是我們的旅程，能夠滿足我們最深切的願望。生命的真正目的，就是發揮最大潛能，我們毋須懷疑自己有否心靈覺醒的能力。慈悲心並非心靈導師的專利，每個人天生都擁有善良之心以及愛人與仁慈的能力，朝著究竟本質的核心、完全覺悟的境界邁進。

第三章
# 我們長養的特質

## 誠實

在佛家修行中，誠實是最不可或缺的品德。除非我們先誠實審視自己，否則無法對別人完全誠實。唯有對自己誠實，我們才會明白如何做一個溫和、仁慈並關愛別人的人。

為何如此？首先，我們先來檢驗世間萬物受因緣條件制約的本質。一切因為「因緣條件而存在」的現象都容易改變，因為它們缺少恆常的元素與特性——這其中包含所謂的「自我」。從尚未覺悟的角度來看，我們相信「自我」是個不變、獨立、單獨存在的實體，其實「自我」不過是加諸於一連串念頭、感受和感觀之上的概念，如此而已。只要仔細審視「自我」，就會發現它是個錯誤的心理建構，不僅短暫而且毫無任何實際存在形式。然而，一般人卻很難接受這個事實，因為「自我」總試圖表現出與眾不同、獨立於世的身分，就像不受教的孩子總想成為眾人注目的焦點。這個以我為尊的「自我」想要宣布獨立，以便持續地重新解釋或否定事實；換句話說，「自我」有自己的打算。

這個「自我」野心勃勃，想要提升並改善一切。當「自我」看見鄉村，就想在那裡蓋棟房子；房子蓋好了，「自我」依舊不滿意，開始覺得只有房子還不夠；「自我」還想要有衣帽間、高級冰箱，最好還有個可以停放六部車的大車庫；「自我」進而抱怨房子離鄰居太近、離湖邊太遠，房間太小，廚房太暗……。想要改善一切的慾望多得讓人眼花撩亂，但是在慾望的核心裡唯獨缺乏「誠實」。

真正的誠實，就是觀看事實的本來面貌，不去爭著改變它。要做到當然不容易，因為這違反了一般人的直覺。從呱呱墜地的那一刻起，我們就被教導要將世界切割成「他」和「我」，並且追尋利於「我」的一切，讓「他」自己想辦法。這樣的思維模式不斷否定事實，只會消耗巨大能量而且注定失敗。這聽起來確實有點怪異，當我們最終得到想要的東西，反而因為害怕失去而為自己帶來無止盡的焦慮。我們無法讓地球照著自己的希望與期盼轉動，焦慮導致哀傷、迎來挫敗。原來，我們無法得到快樂，竟是因為事實總是與我們唱反調，拒絕承認「他」和「我」的分別。當生命結束之際，我們終究得面對「自我」所撒下的謊言，並接受「無常」的事實。

誠實意味著毫無捏造、做作、愚昧的生活；誠實就是簡單的生活，其最高境界是一種脫離無謂成見的生活。只要簡化生活，我們就不會著迷於外在刺激，反能輕鬆自在、無拘無束，如一隻在風中飛舞的雲雀。

真正的誠實也就是完整地體驗每個當下。當我們不誠實時，「當下」會擦身而過，因為我們迷失在過去或未來的思緒中，無法享受那唯一的完整時刻。無法專注於當下，我們就無法與當下的能量結合。忽視「當下」會造成許多後果：我們造「業」並受「苦」。如果我們只花一半的時間活在當下，被我們怠忽的另一半時間會在將來為我們帶來無比困擾。

在此傳承中，「正念」指的是此時此刻比任何一切都要來得深刻。我們的本來自性既純淨又完美，因此自此本質中所生出的能量完全正當、合理。不論這一刻是在思念父親、聆聽候鳥飛過，或因繳稅期限在即心生不快，所有的時刻都不過是種種化現自你生命核心的新鮮能量。生命裡的每個當下都完全正當合理！

舉例來說，當我們體驗到一剎那的妒嫉，不要忽視或逃避，反而該徹底覺察妒嫉，理解它只是一股能量。這股能量以及其他化現自「你」的能量，都是「你」。你必須尊重它，因為妒嫉的能量是正當的。我們不能忽視它、將它理論化或拒絕它；唯一要做的，就是給予全然的專注。

當我們完全專注其上，這能量就得以保持完整，不會得寸進尺；它不會搞砸美好的一天，或在明天持續不斷糾纏。一旦我們完全體驗到這股能量的存在，它就會順其道而行。

妒嫉的能量和品嚐美食的愉悅、針扎的疼痛或者來往車輛上所流洩出的音樂聲等能量並無二致，都是一種純淨能量持續流動中的表現。完全體驗這種持續不斷的能量表現，就是真正誠實的修煉。

我們的念頭與情緒就像一條把自己纏繞成結的蛇，尊重這條蛇並認可牠驚人的柔軟度，我們就有足夠的把握，清楚蛇能夠自行解開這個結。最善巧的生活方式就是以「覺知心」完全活在當下，如此一來蛇自然能將結解開。

不誠實會產生私心，讓我們無法活出圓滿。當我們無法誠實面對當下的事實，就會擔憂「如果我這麼做，對我有什麼好處？我會發生什麼事情？」「我」變得比當下還重要，如同廣播節目被靜電干擾，訊息無法播出。

把一切交給當下，才是真正誠實的修持。要把一切交給當下，我們必須對自己的佛性有極大的信心。當我們找到佛性，一切將成為一場歡慶，並且明白一切都是覺醒本性的化現：喜悅是佛性的化現，憂傷也是佛性的化現；一切都是佛性的化現，並無二致，皆由我們所造。只要如此理解事實，就沒有不誠實的理由；我們不再需要爭取或改變什麼。我們會接受現狀並擁抱一切。

也許有人會問：「這不就等於宣判了我們的人生？難道人生就該如此被動？如果一切如此完美，我們豈不該坐在躺椅上等死就好？」不是這樣的，「誠實」

指的是認清事物的真實面。我們的一切作為並非基於「錯覺」或「痴心妄想」之上，而是由清楚的「見」所指引，因此自然而然地誠實。

夏天行駛在高速公路上，每每看見一股熱氣從發燙的柏油路蒸騰往上，扭曲我們所見的影像。除了遮蔽眼前真實的路況之外，這些熱氣有任何實質意義嗎？「不誠實」就好比這股熱氣，當熱氣散去，我們就能看清路況，也看見路上的美景與危機。同理，我們愈誠實就愈能夠更完整地體驗生命。看見事情的本來面貌而能不評判、不分類、不嘗試改變，我們才更能夠充分地回應生活中的各種需求，對生命的喜悅、哀傷敞開心胸——對一切敞開心胸。

看見事情的本來面貌並無駭人之處，真正令人害怕的是「否定真相」，因為無論我們如何否定都無法改變事實。拒絕承認真相就像閉眼躍過深淵：我們儘管可以否定，卻無法改變深淵的存在。我們應該睜開雙眼，面對事物的本來面貌，在完全理解所有條件後走出下一步，並接受、承擔其結果。圓滿智慧由此誕生，並把我們從一切果報的重擔中解脫出來。

要活得無所畏懼，就需要有這種智慧。相信自己永遠不會遇到衝突或受傷害，並無法讓我們變得無所畏懼。真正的無畏，源自永遠不欺騙自己的信念：不逃離、不躲避生命中的任何一刻；完全活在每個當下，接受一切結果。

這裡說的誠實，在踏出修行之旅的第一步時，一部分是有意為之的。我們必須小心避免合理化自己的作為、迷惑自己；坦誠查看任何局勢，考慮「欺騙自己」的可能性。禪修會帶來深刻的理解力，不需刻意培養，誠實會自然產生；因此，我們可說「誠實」是自律而充滿精力的禪修所自然產生的副產品。這樣的挑戰一開始聽起來也許頗具難度，但承諾讓自己變得更誠實，卻是全然享受生命，真正做自己的不二法門。

## 真誠

以真誠的態度做每一件事。真誠地感受你所感受、真誠地觀察你所見、真誠地表達自己、真誠地體驗你想體驗的事、真誠地充滿好奇……。無論做什麼，「真誠」都是不二法門。

孩子的眼神裡，總是充滿真誠。不管距離多麼靠近，我們只會察覺到他們的好奇，卻不會感受到絲毫批判，他們就是一心一意看著你，如此而已。孩子們看得到我們所有的缺點，可是我們並不會感到尷尬，因為我們知道孩子不在乎鼻子大小、身材好壞或穿衣著風格。在孩子真誠的眼光裡，我們願意做自己。

真誠是生命中最有價值的東西之一，它帶來「純真」。當我們純真地看待世界，一切都是如此清新，進而欣賞、品味一切所遇到的事物。只要能夠純真地享受一切，我們就不會製造未來令自己煩惱的惡果。

「純真」該如何實現？純真無法偽裝，完美的純真，唯有在自己品嚐過生命的豐盛之後，才會油然而生。當我們感受到每口呼吸的珍貴時，便不會被外在財富的承諾或感官娛樂所攪擾。反之，我們會對眼下的奇妙與美麗感到著迷，不會被任何狀況擊垮，更不會感受到威脅。

真誠的信念，是我們這一生都不應當交換的無價珍寶。我們所需要的，就是真誠的信念，相信此生絕對值回票價。這樣的信念，讓我們對一切眾生心生慈悲與愛。我們無法愛得虛假，唯有珍愛別人並重視他們寶貴的特質，我們才能找到真正的滿足並且不求回報。

愛人而不求回報，才是真誠的愛。一旦期望得到回饋，就失去了純真。有計畫、有目的的愛，絕非真誠之愛，而是造作、捏造的。因此，這樣的愛是虛假的，又怎麼能期望得到真誠的結果？

做什麼事都不是重點，重點是我們是否以「真誠」為之，唯有如此，才能在修行這條路上發現喜樂、受益。無論做什麼，都會從中找到喜樂，這就是佛陀的承諾。以真誠行事，我們的生活方式才會變得自然。當我們感到身心自在，一切自會獲得安頓。我們將保持自在，看待周遭時更覺燦爛光明、蓬勃清新，並且充滿大樂。

## 尊重

一旦我們發現自己的真正自性，就會領悟到人性本善，沒有什麼需要隱瞞。當我們明白沒有恆久不變或獨立「自我」需要保護捍衛，就能夠優雅從容地面對生命中的坎坷曲折。當我們不再那麼專注「自我」，人際關係能變得更健全、開闊而有生氣；換言之，健全的人際關係取決於我們能否發現自己生而有之的本然智慧：智慧是光明而赤裸的覺知——儘管它時時被遮蔽——眾生本自有之。我們的本來自性就是佛性，一旦發現它，自然會對眾生感到深切的尊重與感恩。我們也能從別人身上看見尚未體現的真正本性，如同老師從努力不懈的學生身上看到尚待開發的無限潛力。

我們遇見的每個人，都是老師、嚮導和啟發。我們總能在他人身上找到某種智慧與品格，驚訝地發現每個人都能有所貢獻。每一次與人接觸，都能讓我們學習到新事物，豐富自己的生命。我們既能夠與人和諧共處，同時還達成了自己的目標。

人們的行為表面上看來有利有害，似乎很容易做出定論。我們不應只把注意力放在他人的善行或惡行上，而要看得更深，明白他們的本性純淨。不要批評或指責，因為這會化友為敵。當我們還在為朋友昨天說的話感到不滿同時，其實已經犯了錯，因為我們認為朋友還跟昨天一樣。專注在過去，只會讓每個嶄新時刻的光明潛力蒙上陰影。有了純淨觀感，我們才能以清新而開闊的態度看待自己的朋友。

一般來說，我們偏愛自己的朋友，排斥對自己不好的人。我們專注於朋友的優點上，以偏頗的角度來偏袒、看待朋友；我們忽視陌生人，並對敵人充滿敵意。然而，朋友常常成為敵人，敵人卻往往成為朋友。我們應深入思考他人行為舉止背後的動機，以耐心和理解回應。

最親愛的朋友有時反而最不真誠，因為朋友會用讚美的話語與仰慕的眼神奉承我們，讓我們變得自大自滿；我們能從直率的人身上學到許多，對方充滿敵意的回應甚至是訓練耐心、強化毅力的好機會。太過偏袒朋友或是太過蔑視敵人，都是不智之舉。最好的方法就是毫無偏見、平等看待眾生，並且時時尊重所有人。

## ·慷慨

以開闊的心胸給予需要幫助的人，是一種慷慨的表現，但若對於施者、受者或布施之行有所執著，就不是「純粹」的慷慨大方。只要內心存有絲毫「施者」、「受者」的概念，慷慨之行就被二元思維染汙，如同美麗的水墨畫被一滴墨汁暈染乃至毀壞。真正的布施不受此二元思維所染。二元思維是一種錯誤觀念，將一切區分為實體存在的「我」與「他」，以這種方式布施，也許能利益「受者」，卻無法體驗「沒有你我之分」的慷慨所帶來的純粹喜樂。真正的慷慨，能夠引領自己進入覺悟之門，因它建立在「無可執著、無真實存在的施與受者」的真理之上。施予之行完全純正，而施與之「人」不期待得到絲毫感謝或回報。

如果心裡升起的每個念頭，都能覺察其「正當性」，我們就是大方慷慨的人。只要活在當下，就能清楚體驗到每個念頭的本質。不要忽視任何一個念頭。只要警覺、覺察每一個念頭，二元思維便無機生根。二元思維僅僅創造出「有別」的幻覺，這種幻覺在我們活在當下時毫無生存機會。也許，你會相信「我」的概念比什麼都來得正當，但實際上「我」並不比「他人」擁有更多的正當性；「我的」也並不比「你的」擁有更多的正當性。

有了這般敏銳的覺知，我們就能如大鵬金翅鳥，甫破殼而出就能展翅衝破雲霄、遨遊天際。大鵬鳥代表真正的自由，以及不受障蔽的覺悟智慧本質。做個慷慨的人就是做個完全自由的人，不受任何念頭或觀念束縛。在如此開放的心智狀態下，想像自己在享用一杯茶。「你」沒有在品茶；味覺不是「你的」；茶也不是「茶」！所有一切只是標籤。當感觀者與被感觀者已無分別，剩下的就是大樂。假設你正在談一場戀愛，不受希望或期望的束縛，沒有什麼使你猶豫不決，只有完全地沉浸在當下。想想你所感受到的自由和愉悅！而這就是真正布施的表現！

照顧自己也是慷慨的表現。當我們明白自己的生命多麼寶貴，就會讓自己擁有時間和空間，放鬆自我並好好欣賞這個世界。在一呼一吸之間，我們會感到休憩於呼吸中的舒適，如同清新微風拂過夏夜。只要能解放壓力的成因，你就是自己真正的朋友。犯了錯誤，也能夠原諒自己；不小心將咖啡灑在襯衫上，也不會感到尷尬。錯誤總是會發生，失敗亦同。我們不應否定失敗，因為說到底，沒有人會真正失敗，因為我們的本性是良善的。

## 簡樸

自我耽溺、追逐一時興致或是只想滿足一切慾望的人，無法活出圓滿。真正的修行者，了解過分耽溺毫無助益，散亂之心毫無道理。他們明白生命的真正價值，不需太多物質就能滿足；他們明白擁有的愈多，要的也會愈多。在此傳承中，偉大的上師都是智慧飽滿之人，只要願意，隨時都可以獲得巨大物質財富，然而他們卻選擇過著簡樸生活，並走上一條真正值得投注時間和精神的道路。

在此傳承中，偉大上師們逃離名利世界，自由自在地生活。他們相信世俗中沒有恆常不變的價值，這樣的信念敦促他們選擇居住在僻靜之所，擁有探索心智、測試自身秉性的自由。他們不被念頭與情緒所困，不在「自我」的薄冰上履行，因此也就避免失足掉入冰水的危險。這就是上師們主宰心智與能量的方法。

我們很容易成為念頭和情緒的奴隸：這是「我的」愛人，這是「我的」慾望，這是「我的」希望，這是「我的」喜樂。我們住在自己打造的牢籠，太過依賴外在世界以獲得快樂與滿足。殊不知這種依賴只讓自己更軟弱。我們如想得到力量，必須願意向內審視、面對自己。

要每個人都效法大師們離群索居，到偏遠山區找個洞穴修行，似乎不切實際。然而我們仍然可以日復一日，盡力活得自在而簡樸。淨化對物質的執念、決定真正的需求，別著眼於芝麻綠豆小事，你會發現，能讓自己感到舒適滿足的東西，其實遠比想像少得多。

以日為單位，觀察自己是否能不被忿怒、執著、妒嫉或傲慢所控制。只要能夠保持自我滿足，就能輕鬆過上平和、舒適的日子。給自己時間呼吸、欣賞生命的美好。當你過著簡樸的日子，並擁有更多空間時，不妨問問自己幾個深刻的問題：我為何在此？我的目的為何？什麼對我才有意義？

我們追尋沒有結果的愛，或在事業上汲汲營營，喜歡親朋好友圍繞身邊藉此找尋慰藉與安全感；我們將一生泰半時間花在尋找外在的平和與快樂，卻沒發現這就是問題衍生的根本，以及我們自己不滿足的原因。

能知足並且管理自己的心智，就是我們所需要的一切。面對紛雜不止的念頭與情緒，要能以不間斷的覺知善巧地面對，光這件事，就足以讓我們忙個不停。能夠有效掌控自己的心智、管理自己的生活，一切就已足夠，你就成功了。

## ・開放・

「慈悲」的精髓是開放、寬闊、擁抱一切，而不只是感同身受或行善而已。誠然，我們應該發願幫助別人，但還有更偉大、更深刻的方式來體現慈悲。不管在修行之路上獲得什麼進展，在我們覺悟成道的那一刻之前，利他的能力都很有限。在覺悟之前，我們所做的一切某種程度上都有局限性，其中包含了慈悲心的表現。

對別人心生慈悲，能逐步砥礪我們的智慧、打開我們的心，並開拓我們的見識。我們應該接受新的想法和體驗。如果我們想找尋持久的快樂，並想利益他人，那麼就得開拓自己的視野；應當檢驗、質疑先入為主的偏見，並勇於探索全新而陌生的領域。倘若一味挑東揀西，只會局限自己的觀點，阻撓了真正探索與深刻覺悟的契機。

我們有責任對一切狀況保持開放而有反應的態度。如果察覺到自己正在自我封閉時，不妨放鬆一下，回到自己的呼吸上，繼而反思並找出自己遲疑、怯步的原因，為何一頭栽進生命中卻在最後一刻退縮？我們應該熱切地從每一次的互動與挑戰中學習，因為人生中每一樣事物都有其意義。沒有什麼是微不足道的：每一刻都如此獨特，每一件事有其意義。讓我們珍惜每一刻，盡力活出圓滿的生命。

## ・信心・

佛陀真正的成就，就是覺悟人類生命的寶貴。覺悟之路一開始，佛陀就教導我們何謂人生的無上價值；在旅途中，佛陀鼓勵我們以歡喜的付出來善用這寶貴的契機；到達最高境界時，我們在利他的覺醒之行中獲得滿足。佛陀告訴我們如何汲取生命最大的價值，如何認識並實現這份無價之禮。

當我們堅信生命的珍貴，對當下就會有全然的信心；我們能清楚掌握所有新境況的來龍去脈，在每次呼吸中找到成就與堅定；面對一切都如此駕輕就熟，因此沒有更多目標需要達成。反之，如果無法在平靜呼吸中放鬆，便是迷失了。缺少完整感，我們會覺得貧乏、缺乏安全感，想得到的東西很多，想要完成的也很多；渴望住進豪宅，穿上華服，乘駕跑車。你會覺得一身彆扭不自在，那是因為你已經偏離生命本然的狀態，落入自我合理化的循環中而不得脫身。

唯有真正融入呼吸之中，才會明白眾生皆有幸得到這份寶貴的禮物。你會信任自己的良善，以及他人的基本尊嚴。這樣的信念與信心會影響身邊的人，讓他們放慢腳步、放輕鬆，完整地體驗自己的生命。

第四章

# 當下如此珍貴

## 在呼吸中體現當下

有多少人能充分感恩人生的內在價值，並感念活著如此珍貴？是什麼讓我們對生活不滿意，慫恿我們追求世俗目標、累積財富？又有多少人明白，如果我們無法在呼吸中放鬆下來、感恩自己的生命，內心就會感到焦慮，不得不張望他處，不得不冀望更多？

我們也許各自有家庭、工作等合理且重要的牽掛，但也得不忘提醒自己，一切作為應該幫助我們解脫，而不是奴役我們。認清生命的可貴，就沒有什麼能夠束縛、壓迫我們。沒有什麼比呼吸的自由更有意義，更沒有什麼能比在呼吸中體現當下，或全然活在當下能讓我們更開心——這即是「警醒心」。

熟讀萬卷書，並不代表擁有「警醒心」。警醒其實是無條件地生活、有意義地利用生命的每分每秒。警醒讓我們每一口呼吸吐納擁有正當性。有這種領悟，你便繼承了佛陀的覺悟。

「當下」的警醒更是其中關鍵。在呼吸中放鬆指的是：懂得在日常生活中時時停下腳步，品嚐呼吸的奇蹟，欣賞其生命力，在沒有增減一切的情形下為生命歡慶，全然活在當下就是如此簡單。

缺乏這種警醒的覺知，我們很快就會被難以駕馭的情緒耗盡心力。我們會為了保護「自我」以及增加「自我」的存在感而造惡行；背棄自己的本質，覺得自己既軟弱又不足取；忘了自己擁有「如意寶」，也就是警醒的本性。倘若我們能夠活出圓滿，享受生命中的富足與美麗，就能夠死而無憾，每一口呼吸——即便是生命最後一口氣——都將完整無缺。

## 珍貴的人生

沒有人能為人生定出價格，這是上天贈予我們最珍貴的禮物。生而為人，我們的思考和感受比其他一切生靈來得更深切，但也因而使我們渴望擁有富足的人生，一旦做不到，就會感到不完整和空虛。

一天當中，我們曾有幾次覺察到自己正在呼吸？世界各地的醫院裡，有無數的人在生死邊緣掙扎；千百萬人因飢荒而失去生命；數不清的人在地震、颱風、水患肆虐之後成為無助的災民；戰爭和內亂無情地蹂躪全世界，導致千千萬萬的人蒙受苦難。而我們何時才會想到要「感謝自己今天還能呼吸」？如能這麼思考，無論皮包裡有多少鈔票、櫃子裡有多少獎盃或保險箱裡有多少金銀珠寶，我們都會覺得自己非常富足。請記得，不久之後的一天，我們終將如枯竭之流水般嚥下人生最後一口氣。因此，請從現在開始全然地呼吸。

多數人都很幸運，能看、能聽、能感受，擁有理解與判斷力，生來就有兩隻手和十根手指頭。但你多久才會覺察到上天的神奇贈予？多數人都很幸運，但卻將此恩賜視為理所當然，缺乏反思，不知道要感念這雙能烹飪、寫作、觸摸、幫助他人的手，甚或根本就忘了這雙令人驚嘆的手。

世界人口已達驚人的七十億，但其中有多少人失去聽力，無法聆聽夜鶯歌唱，失去視力無法目睹夕陽美景？有多少人心智受損，無法從佛陀教法中受益？有多少人在功成名就之後，反倒領悟希望的破滅而憤世嫉俗？有多少人日復一日在皇宮豪宅中徘徊踱步卻無法滿足？又有多少人從未聽聞過覺悟上師們的開示，更沒有足以依賴的心靈導師？

不妨用上述問題或任何你想得到的方法，來思維生命的珍貴。請記得，每個逝去的瞬間，你都在耗費呼吸，耗費你最寶貴的資產。若是覺察不出呼吸的珍貴，便很難充分發揮自身潛力；若是把生命奇蹟視為理所當然，便無法活出完整的生命；若無法對於身體中躍動的生命感到絲毫謝意，表示我們的心智渙散、遠遠漂離當下，進而造成困惑與不滿。唯有與自己全然合一，才能體驗到真正的滿足。

想一想生命與生俱來的價值與富足有諸多面貌。我們必須深思人生的自由與優勢，如此一來才會更聰慧，更加警覺；擁有更深的見識，就毋須經歷莫名的障礙與混亂，體驗更多的自在，在每個當下都會對自己還活著這件事感到驚喜，學會欣賞自己的生命，進而啟發別人對生命燃起激情和熱忱。

如果我們無視於自身的內在財富，很容易便被短暫而吸引人之物所慫恿、誘惑。流行文化、電視廣告時時刻刻都在轟炸我們，宣稱能讓人生更快樂：讓秀髮如絲的洗髮精、性能卓越的超級跑車、更添魅力的流行服飾……。

或許有人要說，累積財富或環遊世界才能讓我們快樂。但是我們又能夠在多少個渡假海灘上盡情放鬆？海灘都是一樣的，就是沙子、海水和陽光！縱使最頂級的美食、最拉風的跑車、最奢華的豪宅，帶來的舒適和愉悅只能維持片刻，我們很快就覺得厭倦，種種華麗的表象終究落得虛華不實。總有一天，我們會明白物質享樂無法永遠完全滿足自我。

生命的目的何在？我們如何從喧譁的混亂中發掘生命的意義？答案是：唯有在不受條件制約的生命狀態中，我們才能找到真正的滿足感；認清我們的真性，才能確保徹底長久的滿足；不執著於過往的愉悅，視之為你我生來即富足的生命狀態當中的額外點綴，才是真正的方法，真正的滿足。

你可以盡管橫跨七大洲，找尋刺激和愉悅，讓自己忙得筋疲力盡，但是遲早都得歸鄉，終究得明白自己只是個正在呼吸的人。唯有領悟到自己與呼吸無二無別的人，才能享有滿足的生命。在柔和的呼吸流動中，一切都會回歸圓滿，就像散亂的拼圖，最後還是會被放回正確的位置。

只要細想，就會發現眾生之間並無二致，都是會呼吸的生命體。無論是企業家還是乞丐，都呼吸著相同的空氣；不論種族或地位，我們都是平等、呼吸著的生命。想要活出圓滿，我們就必須培養對眾生的尊重，在一呼一吸之間的無條件感恩中，找到對眾生無條件的大愛。只要領悟到自己的呼吸何其彌足珍貴，我們便不會升起傷害任何生命的念頭，即使是爬在桌子上的小螞蟻亦復如是。

我們不會浪費任何一刻往他處看，與自己的真性不分離，將是你我唯一的興趣、唯一的渴望；我們將成為仁慈之人，懂得欣賞、關愛、尊重呼吸的奇妙。做個仁慈、關愛他人之人，正是我們短暫生命中唯一值得敬佩的成就。

## 珍惜生命

若不以正念生活，我們將經歷許多困厄，痛苦和慾求不滿的惡性循環會像惱人歌曲般反覆播放。不妨問問自己：「我如何能在這世上找到恆常的喜樂和愉悅？」

當一切愉悅都受條件制約且如此短暫，何來恆常的快樂？此刻我們也許正在享用美酒佳餚，但這般愉悅究竟能維持多久？依賴因緣的快樂缺乏穩定性，我們無法期待這樣的快樂能持久不輟。不要以有多少財富、有多成功或多有影響力來衡量自己，而是要看你有多滿足，是否圓滿活出每個當下。

過分執迷於為明天計劃，會阻礙我們欣賞今日的富足。想要完成內心最深的抱負，將注意力集中在當下方為實現生命意義的最佳方式。當我們品嚐當下此刻，就能夠真正地充分呼吸，光是吸納吐氣就能讓心靈充滿深深的感恩與知足。以如此深切的方式全然地活著，你會發覺，呼吸是最珍貴的贈予和祝福。

## 無價的呼吸

請觀想自己在人生最終時刻，吐出最後一口氣時的樣子。這是你我都無法避免的時刻。如果能真實再現臨終時刻，你又怎能允許自己忿怒或狂暴地呼吸？又怎能讓自己妒嫉或傲慢地呼吸？別用這種有害的方式呼吸！如果有人傷害我們，他們應得到我們的慈悲，因為他們正在消耗自己無價的呼吸。無論他們的作為看起來多麼有害，我們都不應挾怨報復，不該將寶貴的呼吸浪費在負面事物中。

就算我們家財萬貫，臨終時也帶不走一分一毫。那時，就算尋遍天下，也無法多買幾口氣。我們無法懇求朋友：「我的銀行戶頭裡有一百萬，請你幫我買到十口氣。」縱使是世界首富，也買不到多一分鐘的生命。問問自己：「銀行戶頭現在對我來說到底值什麼？一剎那的呼吸又值多少？」明白自己無法浪費寶貴人生的任何一刻後，才能再問：「我該如何鼓起勇氣，全然且有意義地活出此生？」

我的一位學生曾提到父親往生的點點滴滴。他說，守候在父親身旁的那幾天，他目睹父親的生命走到盡頭：他的父親無法言語，每口呼吸都充滿痛苦的掙扎，跟父親過往活躍的生命力形成強烈對比。雖然心如刀割，但他也體會到這是父親送給他最後的禮物。他的父親教導他，生命如此短暫無常，應敦促自己過有意義的生活。

當我們在一間高級法國餐廳大快朵頤，或在一家時尚精品店瘋狂購物的當下，我們也許會相信，自己正在活出圓滿；我們甚至會跟隨某位知名喇嘛學習佛法，希望自己的生活更圓滿。我們不斷試著找尋快樂，卻在這趟艱辛的旅程中累積各式各樣的挫折經驗。所以，我對所有人懷抱深切的敬意，因為直到發現生命的真性之前，你我都在同樣的旅程中一起受苦。

只要窺探見真性，我們就會認識到生命的寶貴；只要停下腳步仔細檢視，我們就會發現每一口呼吸的價值有多麼珍貴。我們會在這樣的發現中，找到真正的滿足以及善用光陰的激情。

全然地呼吸就是活出圓滿。生命在呼吸吐納中，體現得如此圓滿無缺。所以，請充滿喜悅地呼吸、全然地呼吸，如此一來你將對一切現狀感到滿足，並發現每一刻無瑕而圓滿。你會用赤子之心來體驗世界，與生命中的每一刻相愛戀。

第五章
# 生者必逝

## 擁抱改變

不同民族對死亡的體悟各有不同。在西方世界，我們通常看到如下場景：裝潢雅致有品味的殯儀館內，禮儀師為經過防腐處理的亡者遺體上妝，接著安放在半揭的棺木內供人瞻仰遺容；靜悄的墓園裡，放眼望去是修剪整齊的草坪、繽紛絢爛的花朵以及供人漫步的長廊。或許，美化死亡的習俗源自於我們的恐懼反射，源自我們不願意面對死亡。我們常將死亡想像成可怖的黑暗，必須先洗淨再以美麗的方式面呈現出來，就像我們把因氧化發黑的銀器擦亮一樣。我們為未來做長久的規劃，卻不願先接受死亡與無常的事實，彷彿自己會長生不老般。殊不知，「承認」死亡的必然性並「擁抱」其急迫性，才是最誠實、勇敢的做法。

要坦然面對自己遲早會死亡、失去一切所愛的事實，確實令人難以接受。我們也許在一生多數的時間裡，都能掌控外在的條件環境，唯獨對自己何時何地會揮別人間毫無線索，如同我們無法控制白晝黑夜的交替一樣。

黑髮人不一定能送白髮人，長輩因為子孫驟逝而耽溺哀傷之事時有所聞。無論長幼，我們都可能因為染上疾病或遇上致命意外而突然往生。有些人則因為罹患身心疾病而走向衰亡。即便身體強健，人們也會隨著時光推移，逐漸失去活躍的精力，一步步向死亡靠攏，彷如秋葉在冬季來臨時無助地轉黃凋落。我們活躍的精力將慢慢消失，等到臥病不起時，早已無力行動，凋零得只剩下如柴瘦骨。在生命的黃金時期，我們可能曾經是成績輝煌的運動員或是傑出的舞蹈家；站在死亡面前，我們卻如此孤單無助。

生命的無常既真實又無可避免。我們雖然會為一生做長遠的規劃，然而沒有什麼是確定不變的。此生如此寶貴，卻沒人敢保證我們能多活一天。

有一段佛教祈請文這麼說：「死亡冷酷降臨，一刻從來不停。」誰能確切預測自己會在何時何地如何死去？誰能保證自己不會在下一刻斷氣離世？誰能保證死亡不會在一呼一吸之間到來？每天早上能夠醒來，穩健地呼吸且健康地活著，是多麼神奇的一件事！我們卻把這個奇蹟視為理所當然！

試著毫不畏懼地擁抱死亡，毫不畏懼地承認死亡之必然。當我們覺察到「無常」，反而能喚起活出圓滿的激情。佛家特別強調無常與死亡，目的不在製造害怕、恐懼或恐慌，而是要眾生覺察「死亡」，方能徹底感激生命中的每一刻。

唯有覺察到「無常」，你才會更無畏、更關心別人，不再壓抑自己的感受；唯有覺察到自己可能真的沒有明天，你才會把握「現在」表達對別人的愛。你會對每個當下心懷感激，並且安住在當下的清淨。

我們內心深處明白死亡隨侍在側，可是多數人寧願選擇閉上雙眼，而不讓無常的事實對人生展望產生正面影響。那些曾經傷害過我們的人，總有一天也得面對死亡，但我們竟如此輕易地忘了這一點，這不是挺有趣的嗎？既然生命無常又短暫，我們可曾想過要讓對手贏得比賽、收下獎盃或宣布獲勝？倘若這麼做代表我們有覺察萬物無常的自由，是生命真正的大贏家，拱手讓出勝利又何妨？

## 無上的禪修法

為了善加利用時間，請思索無常的真實性；萬象稍縱即逝，隨時留意生命容易消亡。缺乏這樣的思維基礎，修行便無法更上一層樓，好比基本算術學不好，代數也無法更進一步。

佛陀教導弟子，省思無常就是無上的禪修。念頭與感知的每一個細微變化，都是一門認識「萬象短暫本質」的功課。要是不將「一切無常」的真理放在首要之位，我們很容易被紛亂的情緒所支配，徒讓負面的事物耗盡心力。

說明生命稍縱即逝的比喻不勝枚舉：繽紛彩虹耀眼炫目，下一秒卻在晴空下消失無蹤；露珠在月夜下晶瑩閃爍，卻在朝陽昇起的溫暖中瞬間蒸發；燭火搖曳煞是可愛，一旦夜風吹過焰光隨時熄滅，徒留黑暗。你我的生命如雨後彩虹，如夜空的露珠，如風中的燭火，如此美麗，如此短暫，如此無常！

省思無常的方法更是不計其數，大家都有足以證明你我如此脆弱的切身之痛。父母親可能一生活躍，最後雙雙辭世；兄弟手足也許在一次突如其來的意外中喪生；寶貝寵物貓在睡夢中斷氣……，死亡和無常的示現無處不在。

我的祖母充滿智慧、勤快能幹且生氣勃勃，總是準備面對一切挑戰。她晚年身體因水腫愈形虛弱。當地醫生束手無策，也沒有任何能夠減輕她疼痛的止痛藥，致使她不停痛苦叫喊，哭號聲日以繼夜地在屋裡迴盪。我遵照祖母生病前所交待，誦唸引導臨終者的《西藏度亡經》。看著親愛的祖母如此受苦，我明白了一個真理：死亡是多麼痛苦，人在死亡面前是多麼無助。

現在，思索自己的生命會在一場飛來橫禍中結束的可能性。試想，假如發生一場無人倖存的空難，「我」可能就坐上那班飛機，那麼現在早已沒命了！億萬生靈曾在地球上活著，但如今他們身在何處？幾乎早就被世人遺忘！我們也一樣，會隨著時光流逝被歷史逐漸淡忘。當死神召喚，一切在剎那間消失，沒有人會記得我們曾經多麼富有，多麼有權有勢。如此的反思目的不在於令我們絕望，而是令我們重獲生命力，重新點燃我們對生命的熱忱。

反思死亡的不可違逆，能給麻木不仁的我們來記當頭棒喝，幫助我們意識到生命的珍貴，確保我們不會視之為理所當然。我們應當善加利用生命在每一日賜予的機會。如果現在不照顧好自己，在臨死的一刻我們將被恐懼淹沒，被遺憾所累。如果不將此生活出意義，我們會失去一個成為真誠、有尊嚴之人的寶貴機會；反之，如果我們以覺知生活並善用時間，我們將能從容無畏、毫無留戀地離開人世。

## 人生只是短暫的停留

我們的一生就像是短暫投宿在一間旅舍中。擁有福報的人能付費住進一間宜人的小客房，更有能力的人也許能住進五星飯店的高級套房。無論如何，我們都非常幸運，能找到舒適的庇護所。但，很快地我們便得退房。

在短暫的停留中，盡情放鬆、享受平靜的休閒時光，不是很明智嗎？然而，當我們安頓下來，就會開始挑剔飯店房間的毛病：牆上出現裂縫，於是我們跑到五金行買石灰泥補牆；牆壁補好了，卻又發現顏色不搭配，於是再買了油漆，花幾個小時粉刷牆壁；接著發現房間的裝潢不合自己的品味，於是搬動地毯，重新擺設家具。花費了這麼多氣力，疲憊的我們正想躺下來小憩，卻發現床墊凹凸不平，再買來新床墊；之後又發現廁所馬桶漏水。等到水管修好，太陽也下山了，眼看退房時間在即，我們卻根本沒能好好放鬆，帶著疲憊的身體快快不快地離開。我們就是這樣錯用人生，忘了在此人世停留的時間既短暫又匆促，結果平白浪費生命。沒有什麼比平靜地安住在當下更重要。問問自己，到底應該多依賴世間俗事和物質財產？又該投資多少心力在不穩定、不斷改變的因緣條件中？

你必須達到讓自己變得非常實際的轉捩點。在短暫的停留中，別太過挑剔飯店的房間，別對人生的瑕疵小題大做。當車子在路中央拋錨時，任何人都知道該馬上處理，而非浪費時間站在原地嘆氣、咒罵。就算老闆老是對你發脾氣，也毋須為之沮喪或忿怒，反正老闆就是會生氣，既然無法改變老闆的脾性，又何必煩心？沒有覺知心，就永遠無法從容不迫地處理相對的境況。別再浪費自己的呼吸嘗試改變既成之事實，別花太多時間在無法帶來恆久滿足的事情上。任何出現在此當下的就是如此，活在當下，才是正道。

第六章

# 認同危機

## 「自我」的領域

千百年來，人類始終試圖解決一個存在主義式的危機：

他們殺了千百萬人，以證明自己存在。

他們建了千百萬房，以證明自己存在。

他們創立千百種宗教，以證明自己存在。

他們製造刀槍，以證明自己存在。

他們狼吞虎嚥、豪飲酗酒，以證明自己存在。

他們又哭又笑，手舞足蹈，以證明自己存在。

只不過直到現在，沒人弄得清楚誰能確認自己真的存在。

為了確認「自我」的存在，我們創造哲學理論；我們建造、毀壞，消耗、放縱，然而直到最後，我們存在的本質還是模糊難辨。這種不確定感迫使我們將時光揮霍在庸庸碌碌、疲累不堪，甚至致命的俗務之上。

我們缺乏安全感，一心想要相信珍愛的「自我」既可觸碰且永垂不朽。我們極度渴望定義自己，因而武斷地創造出不同的身分，卻不知道這些身分只會迷亂我們、局限我們的潛力。

我們為自己和別人設立標準，愛我所愛，惡我所惡，忽視其他一切；我們為自己設立界限，固有的慣性思維還強化了「自我」的領域感。「情緒障」並非無中生有，而是因為我們對於「自我」信仰的執著而生。我們相信「自我」擁有自主權，與一切萬物所有不同。我們築起愈來愈多的圍籬，用愈來愈多的尺度標準來丈量世界，也有愈來愈多的領域需要保護和抵禦。我們被困在自己所堆砌的城牆後方，因此覺得付出關懷與仁慈相當不容易，就連信任別人都變得戛戛其難。

當我們專心一意聚焦在自己的領域裡，即使連喝咖啡這種最簡單的小事也都會變得有害。很多人早上不喝杯咖啡就渾身不舒服，心煩意亂、煩躁不堪。一旦慣性思維與行為定義、限制了我們，我們就無法活在當下。

只要多關心別人，你就能摧毀自我領域的堡壘。縱使如喝咖啡這般簡單的動作，都要隨時有技巧地處理念頭，審視自己的動機。喝咖啡時，試著不抱絲毫自私的動機，同時留意別人的需要。如此一來，咖啡就會如同甘露，變成一口你的本質善良，那是超越有限自我、不被慣性所束縛的善。善巧地提升自己的思維，才是關鍵！

## 粉碎執著

一切經驗彷彿就像一場錯覺，一場夢。在浩瀚的夢境當中還有許多夢中夢同時出現、消溶。想要不被痛苦與壓力所擾，我們就必須認清經驗的如夢本質。

當你對美好的友誼產生執著，或對要求苛刻的老闆感到忿怒時，不妨提醒自己：萬象看似實體存在，經驗的本質卻如同夢境，生命中發生的任何事情都不會持續到下一刻。

我們用「永恆不變」所帶來的欣慰感催眠自己，落入「自我」設計的詭詐中，而變得愈來愈倚賴朋友和所愛之人。真正的明智之舉是要去除誤信和謬見，省思到念頭和情緒「短暫又善變」的本質，明白一切相對的現象皆受因緣所支配，絕對無常，並因此能粉碎執著，才是有智慧的做法。在一切不穩定與不確定之中，記住自己的真正本質恆常不變、不因變易所動，以此獲得力量。

就算你心甘情願落入「自我」所設下的騙局，遲早還是會被事實驚醒。當錯覺像紙牌搭建而成的房子在瞬間崩塌，你將感到心碎——既然沒有準備好對付生命中突如其來且無法避免的改變，當結果發生時自然覺得難以忍受。倘若從一開始就保持清醒、警覺，就能夠當場粉碎自己的錯覺；即使一切支離破碎，你的心也不會因此碎裂。

## ‧‧‧‧‧‧擺脫「自我」概念

「真誠」的意思是「對自己真實」，這只有在我們擺脫「有個獨立的自我」這般幻覺之後才有可能發生。生而為人，我們平時並未看見自己的佛性，不但沒有發揮最大、真正的潛能，反而浪費大部分的時間擁抱自己的困惑。唯有認清這個有限且迷惑之「自我」的虛幻面目，我們才能接受明亮與空性為真我；一旦我們能夠擁抱自己的真正本性，就沒有什麼能在任何時刻遮蔽或局限我們。這才是真我：無限且圓滿的生命。

我們覺得自己擁有自由，實際上卻被恐懼與妄想所束縛。這番自我設限，讓我們對自己真正本性缺乏信任和信心，導致生命不完整。

或許有人會問，既然本來自性是「空」，那是否代表什麼都不存在？相信大家都曾看過，荷花盛開時清淨不染於淤泥水的千嬌姿態，讓人深深著迷。花朵在最清新的狀態下找不到絲毫不潔、缺陷或衰變。這樣的無瑕而質樸就是「空性」：無有一切染汙和蒙昧。要知道，空性並非空白、黑暗或虛無的狀態，它的本然狀態充滿特質，非但不會扭曲事實，而且能夠看見一切的本來面目。

心智無有蒙昧時，不但澄澈光明而且一片開闊。你的一切表情都會誠懇，能與別人自然溝通，既不遲疑也無隱瞞；你的舉止體現著真實可靠，就算企圖戴上面具，如金剛般的覺知也會當場粉碎它。「金剛」代表的是堅不可摧、消滅欺瞞的光明性。心智不被雜亂的思維和煩擾的情緒遮蔽，便能清楚感知世間萬物。這種光明性乃屬心智本有且自然的特質，並非取決於條件，因此無法被摧毀。

不妨檢視自己的內心，試著發掘所謂「自我」，其本質到底為何？是否能找到真正存在此種經驗的「所有人」？能找到念頭真正「存在」的「思想者」？這樣的「自我」存在嗎？還是只能找到稍縱即逝且無常的無形念頭、情緒和感知？

雖然萬般念頭都會浮現在我們心中，但無論是心還是念頭，都不構成客觀或實際存在的實相。一切念頭和感知皆短暫，相信自己的心理投射是真實的，就如同相信世間萬物都如其表象般真實存在。生命中發生的一切皆如夢境，一切經驗並無實體存在，而且超越我們的理解範圍。只不過大部分時候，我們都誤以為這場夢是真的，進而被夢境般的短暫現象所玩弄。我們此生所見的一切現象不過是魔術大師的一場表演罷了。的確，覺醒的時刻到了！

一個孩子看著水中的月亮倒影，以為月亮就在水中，大人很難說服他事實並非如此。等到孩子長大些、變聰明了，我們方可伸出手指，為他解釋：「天上那個才是真正的月亮，水中的只是倒影。」但從佛教的觀點來看，我們眼睛所見那個高掛夜空的月亮，也並非真實存在，就連手指著月亮的人也是。要接受這個說法並不容易，但我們必須了解它。相信「自己的看法、念頭和情緒真的存在」是一種誤解，這種對事物的混亂看法也因而成為我們的敵人。比方說，忿怒與仇恨的感覺可以深植在我們心中，日復一日、年過一年。

我們內心感到貧乏，因此渴望得到許多東西。許多人努力經商努力賺取利潤。短期來看，也許會覺得自己很成功，但我們卻沒有意識到，利潤也是一種幻覺。當我們鞏固自我的概念，也就鞏固了利潤的概念：因為「我」存在，所以「我」必須賺錢，把「我」和「自我」劃上等號。我們努力工作，好滿足這個自我，但自私的想法卻腐蝕我們本然的能量。讓能量自然釋放、流動才是上策。我們認為自己「獲得」的時候，真有如此了不得？我們以為自己「失去」的時候，真有那麼不得了？我們創造出「得」與「失」的概念，但它們實際上都沒有實質存在的根基，一切都如夢幻泡影。

當我們從美夢中醒來時，儘管猶盼留戀卻很清楚那並非真實。如果我們也能培養出對自我與萬象本質的深刻理解，就會清楚明白此生如黃粱一夢：所有預想的事物只是海市蜃樓，最終你我還是無法抓住什麼、留住什麼。「這一刻」正如水中閃爍的月亮，儘管逼真卻只是倒影。雖然無法抓住，我們卻在重視和全然地體驗「這一刻」的同時，明白沒有什麼值得留戀不放，也就能不被得失所制約。

## 發掘「真我」

「愛自己是自私的」說法有一個前提，就是必須要有一個實質存在、恆常不變、絕不讓步的「自我」。其實，愛自己的最好方法就是實現自己的本質，也就是「真我」。

什麼是真我？真我其實在每一刻顯現。我無法孤立、指認一個和自身經驗分離的「自我」。真我和經驗是分不開的，就如大海和海浪是一體的。當你心中浮現好的念頭，這種能量就是真我的表現。浮現壞念頭時，這種能量也同樣是真我的表現；當你愛一個人，是真我的表現，恨一個人同樣也是真我的表現。明白真我的本質，你就會體驗到一股不受阻礙的能量，這股能量的精華本質就是真正的你，而不是單一、有條件、自主獨立的「我」。

如果我們相信「我」真實存在，就會變得自私而且緊握這個假設的「自我」不放。我們不想死，是因為相信自己在世上占有一席之地，並且說服自己，死亡會帶來巨大損失。就像孩子們在海灘上蓋沙堡，陶醉在自己的創作中，海浪捲來沖走了沙堡，孩子便哭個不停。但一旁的祖父卻只是微笑，因為他明白潮起潮落的變化以及沙堡的脆弱本質。

愛自己就是生養悟性、領悟並體現真我。在現代心理學中，愛自己的概念是有點問題的。按照許多心理學家的看法，我們可以解構一個建立在自己身上的負面形象，再用一個正面的形象來取代它。心理醫生也許會說：「好好愛自己，把一切都告訴我吧。」如果病人覺得這樣不夠好，心理醫生就會幫助病人建立一個更滿意的自我形象。這好比拆掉一座沙堡之後，再蓋一座更華麗的沙堡。但沙堡本質並沒有改變，很快地，海浪就會再將它沖毀，因為一切無常。生者必逝，就連受因緣條件限制的自我概念也不例外。然而，如果我們能以全然的覺知心來認知，一切經驗只是自然無礙的能量流，都是真我的表現，我們就能自由地與這股能量共舞。把這當成此生最重要的功課，摒除自私，用覺知心與這股能量共舞，我們的身體、心理、情緒才會變得健康；更重要的是，心靈也將變得更為健康。

第七章

# 面對障礙與蒙昧

## 超越定相

從某個角度來看，心靈之路的修行可以很簡單。只不過，心的本質雖然超脫一切複雜性，卻很容易迷失在念頭與感受的紊亂迷宮中，我們也因而在心靈之路上遭遇障礙以及蒙昧。其實，我們不需要特別閃躲這些顯而易見的阻礙，反倒應將它們視作心靈成長的基礎。

為何與別人互動時會遇到衝突？原因在於自私的傾向。當我們沉醉於自己狹隘的利益考量，就會試圖擺布、操控一切；因此我們巴結上司，希望獲得升遷；我們虛情假意，以討朋友歡心。想要善巧地與他人相處，就該摒除自我中心，如此才能光榮體面、開放誠實地交流。

只要領悟「自己」和「別人」的概念並不以「分開且不同的實體」存在，衝突就沒有立錐之地。我們非但能直接交流溝通、不阿諛奉承，也毋須害怕自尊心受到傷害；我們能表達內心憤慨，卻不帶任何防禦或攻擊心理。忿怒、妒嫉、傲慢等情緒並非問題的癥結點，衝突的源頭是對於所謂「自己」的誇大信念。當我們執著於「自己」這個觀念，就會創造出「別人」的概念。一旦有「自己」和「別人」之分，就會進而衍生出「我的」和「你的」：我的家人和你的家人，我的房子和你的房子，我的祖國和你的祖國。這就是「二元定相」，是世上一切衝突和不幸的根源。真正想要創造和平世界之人，都會試著馴服自我、克服二元定相所帶來的毀滅能力。

我們應當發願，願自己安住在非二元境界的清淨狀態中，脫離「自己」和「別人」帶來的困惑。超越一切二元定相是我們本然的安居所，只要釋放因二元極端的衝突為身心帶來的緊張，二元世界裡的「此」和「彼」兩個參考點就無法阻礙能量的自然流動。我們和朋友吃飯時，就能夠毫無所求地享受這相聚一刻。如果聚會玩得很盡興，那很好；就算沒發生什麼有意義的事，也一樣很好。

華爾街股票經紀人可以選擇焦慮地盯著紐約證交綜合指數快速變動，並因而失去沉著；或者，他可以跳脫「漲」與「跌」的二元概念，不受數字起伏影響，把股市震盪和快速的算計看成一支愉悅的舞蹈，拒絕讓起伏不定的希望和恐懼削減自身能量、打擊信心。數字永遠有起有落，如果只為了比市場更領先一步獲取些微利益，而窮盡一生的氣力在焦慮當中，無異是糟蹋了寶貴的時光和資源。

## 面向本源

毀壞性的習慣和草率行為都是造成痛苦的根源，想活出圓滿，就不應被自己的慣性行為所困。生而為人，我們應當善用智慧、磨銳覺知，以防被習性所束縛，甚至剝奪自由，否則就會像蜜蜂在花朵上吸吮花蜜，因為陶醉於甜美滋味當中而未察覺暮色降臨，最後被困在緩慢閉合的花朵內。

紛亂染汙的念頭和苦惱的情緒遮蔽心智本然廣闊、光明的本性。專注在「自身」和「我」的經驗，讓我們失去覺知——此種狹窄的心胸，成為「有條件的自我」的繁殖場。無法超脫平凡、慣性的思維模式，我們就會陷入困惑中；無法認清心的清靜性質，時時刻刻執著於「我」，我們終將受苦。無止盡的紛擾念頭一個連著一個，如江水滔滔不絕，將我們桎梏於困惑和苦痛的無盡輪迴中。

每個念頭都應保留在其本然狀態。把毛毛蟲從繭裡面抓出來，要牠吐蜜，既不合常理又違反自然；把蜜蜂放入繭中，也無法令牠變成蝴蝶。毛蟲本當織繭，蜜蜂本當造蜜，這是眾所皆知的道理。當我們完完整整體驗每一個念頭，該念頭的能量就會升起與消溶在其本然狀態中。因此我們並不需要篡改念頭，因為進一步的加工徒留迷亂和困惑。當每個念頭的能量完整而獨立時，就會在升起的同時獲得解脫，不留痕跡。

之所以無法看清每個念頭的完整和獨立性，是因為我們執著在「我」以及

「我」所創造出的一切。只要腦中想著「我要做這件事」，你就為「我」創造了連貫性。當你想著「我要這個」，心中就選擇了一個按鈕；進而再想「我要那個」，你就選擇了下一個按鈕。我們在這種連貫性的幻覺中如魚得水，不留給念頭任何空間，使之能夠完整獨立地升起與消溶。一個獨立的念頭為一種自然能量，以及一種清新、充滿生氣的覺知，並不需要你我進一步生養。

當我們起心動念，追尋一個虛幻的「我」，就會被自己與每個念頭之間所產生的糾結所奴役。這種心靈困惑迫使我們在產生第一個念頭之後，再創造第二個念頭去追尋第一個，接著創造第三個去追尋第二個……，這些念頭沒有一個是單獨存在的。我們根據虛幻的「自我」，寫下自己的故事，把自己束縛在一個無止盡的困惑思維鏈上，在不幸的惡性循環中受苦，這就是所謂的「輪迴」。輪迴是一種未覺悟的無明狀態：只因未覺察心智與經驗的清靜性質，我們無助地被煩惱和因果業報所箝制，承受川流不息的身心壓力和痛苦。

在禪修過程中，我們會經歷到意識流中的缺口，這個空間讓我們得以放鬆，並鬆開緊握不放的頑固習性和反射行為。窺探心智地圖內的空間，能夠逐漸讓我們脫離紛亂染汙念頭所織成的糾纏桎網，讓我們更全然地活在無量光明的當下。禪修是讓我們掙脫根深柢固習性的有效方法。其他方法，例如許多勵志書籍常提到以正面思維取代負面習慣，並未指出問題的真正根源。想要從習性中解脫，最有效的方法就是問自己：「是誰被習性束縛？這些習性又從何而來？」

獅子與狗的例子，足以用來回答上面的問題。向狗丟石頭，狗會追著石頭跑；但若向獅子丟石頭，獅子會衝向你！狗會繼續追石頭，但獅子會一口就讓你斃命。我們應該學習獅子，直接面對念頭的根源，而不是像狗一樣循著它的蹤跡追上去。習性受條件影響，也是念頭所揑造出來的。這些思維與行為模式就是我們無法發掘其本源的結果。習性屬於一種能量形式，如海浪般起落，當我們辨識出它的本源，能量就會在升起時得到解脫，不至於形成更多的慣性行為。

修行，就是找尋石頭從何而來。我們可以繼續像好動的狗一樣跟著念頭跑，也可以像無畏的獅子般撲向念頭的本源，從而發現念頭是從空性中升起的清淨能量。在永恆清淨的境界裡，沒有什麼真正堅固存在的實體，因此阻礙也根本不存在。只要鼓起勇氣安住在如此廣大的空性中，孳生奴役我們習性的假象自無容身之處。

我們不應該否定自己的念頭與情緒，因為它們皆有其正當性。然而當我們執著於念頭與情緒，且認為它們固定不變時，問題就會浮現。唯有安住在真我與萬象的虛空、廣闊性中，才能從一切困惑中解脫。就讓一切如靈感般升起，成為一場歡慶吧。不論升起什麼都很好；就算沒有什麼也很好。有一顆靈活的心，我們才能更圓融地支配、指導自己的生命；無論發生任何事，也能超越墮落、超然地遠離是非。當我們見到自己真性的光明特性，清晰的本質便無所不在，豈不妙哉！

## 化解煩惱

在此傳承之中，我們不會立即否定或接受一切，而是先毫無保留地全然體驗自己的感受和情緒。感受和情緒有其正當性，因為它們湧自純淨能量之泉。然而一旦「自我」的陰謀侵蝕這股能量，情緒就迅速轉變成劇毒，如同有毒氣體汙染蔚藍晴空。有了覺知，情緒的原始能量才不會造成傷害。所謂擾人的情緒或煩惱即指「五毒」：貪（慾望）、嗔（忿怒）、慢（傲慢）、嫉（妒嫉）、痴（無明）。

## ▼慾望

我們總是想抓住「五慾六塵」，但令人著魔的慾望以及接踵而來的執著就是點燃挫折、失望和痛苦的火種。慾望的能量本身並無好壞之分，然而當它被占有慾所毒害，就成為痛苦的「因」。占有慾源自感知上的裂隙，有慾望者覺得與欲求之物分離，當我們被看似外在的事物所吸引，慾望之火就容易點燃我們的心，因此出現匱乏和需求的感受。

慷慨布施是治療無止盡的慾望以及執著的解藥。布施可以說是不被執著之心束縛，坦然給予卻不求回報的肚量。佛陀教導我們，一個修持圓滿布施之人，從不覺得需要占有什麼或執著於任何東西。最高境界、無上的布施形式，是絲毫不以自我為中心的偏見或評斷，不增不減地擁抱一切生靈。換言之，平等關懷別人以及真誠愛護別人，就是無與倫比的布施。

並不是所有的人天生就能夠毫不遲疑地大方布施。我們可以先從布施財產、時間和自己的心開始做起。如果覺得自己很難成為慷慨之人，有一位智者傳授的修行方法不妨一試。

首先，想想自己最捨不得的東西是什麼？是美食還是一只昂貴名錶？先觀想那東西握在右手心，然後在左手心觀想需要它的人。接著，毫不遲疑地把東西從右手轉給在左手心的人，想像對方因為你的大方贈予受益感到欣喜，一同分享他們的喜悅和快樂。只要不斷重複這個方法，就能培養、體現一顆慷慨的心。

這項修行方法雖簡單卻十分有效，能幫助我們更自在地布施，我們也會開始對慷慨付出所得到的喜樂心懷感激。換言之，慷慨的修行是對付執著心最強而有力的方法。

我們可以把太陽散發的能量轉換成電力造福全人類，在黑夜裡受益於陽光所帶來的光明，但是陽光也足以曬傷我們的皮膚。太陽純淨的能量並無善惡之分，使用能量的方法往往才是決定結果是利是害的關鍵因素。

慾望的能量可以帶領我們往有益或有害的方向前進。倘若無法以慷慨之心所升起的善意來主導這股能量，我們就會順從自私的做法。唯有高貴的精神能協助我們將慾望導入修行，為了利他而發願並得到覺悟。

只要明白一切所欲之物不過是光明覺知心的體現，我們就能解放慾望，五種煩惱將被淨化並轉換成五種智慧。根據金剛乘佛教的教法，慾望可轉化成「妙觀察智」，並體現在對眾生的同情和慈悲中。擁有「妙觀察智」，我們才明白慾望的能量和所慾求之物其實並無二致。如此一來，我們的理解力會將慾望之毒轉化為智慧甘露。

### ▼忿怒

得不到慾求之物或遇到所惡之事時，我們會感到挫折。挫折容易導致忿怒，一如星星之火可以燎原。凡是阻擋我們得到慾求之物的，很可能挑起我們的忿怒。至於那些侵犯我們珍視的信仰之人，更容易點燃厭惡、惱怒和狂怒之火。

「忍耐」或「忍辱」是忿怒的解藥。藏文中「忍辱」的意思為「承受」。倘若我們無法在忿怒的對象以及忿怒的回應之間的空間中暫停，就無法耐心地承受一切。我們必得在此暫停的空間休憩，否則反應將太過衝動，無法以平等心觀察令自己惱怒的對象；無法修持忍辱，我們就會在一連串的勃然大怒中攻擊或防禦。

和慾望相同，激起忿怒的能量其實是純淨的。我們在修行中不去鎮壓或宣洩忿怒的能量，只是辨認出其未腐敗的本源。腐敗來自「自我」以及其好惡、希望與恐懼。一旦認知此能量無染汙、不依賴條件的性質，忿怒自然就能平息，並轉化為「大圓鏡智」。大圓鏡智不會扭曲一切萬物自性，如同一面明鏡分毫不差地反射影像，忿怒也因此得以轉化為清晰。

### ▼傲慢

當我們感到地位卑微以及缺乏安全感時，一般會投射出一個具有優越感的外表做為補償。弟弟如果憎惡哥哥的成績比他優秀，就會忽略掉自己的潛能，採取攻擊手段，向哥哥吹噓自己更聰明、更強壯。傲慢在我們缺乏「平等性智」時悄悄滋長。平等性智指的是觀見一切現象的相同性，只要解脫「自我」的設限，我們就會發掘與生俱來的力量與富足，對心智的本有能力與力量充滿信心。這種力量無二致地存在一切眾生心中，我們毋須製造區別，或者任何等級制度。

愈知足的人愈不傲慢。就像佛陀，雖曾貴為太子，卻毫不遲疑地捨棄一切世俗財富和權勢以追尋心靈成就。他把自己的一切所有施予窮人，只保留一條纏腰布就隱居到森林裡禪修。他明白心的真正潛力，並用完美的方法駕馭這股力量。

只要能夠駕馭這股內在力量，我們就永遠不會感到軟弱或有所不足；我們不會想做毫無用處或愚蠢之事，比方說屈服於名聞利養的空虛陷阱。這與生俱來的財富和光采，足以保護我們不受一切表象都所操縱、引誘。憑藉這股信心，我們體驗到「金剛慢」。

「金剛慢」並非一般的傲慢，而是靈感和富足的無盡泉源。來自覺悟的金剛慢，讓我們對自己堅不可摧的本質充滿信心，並超越自負與自大；永遠不會覺得自己高人一等，沒有虛假的傲慢，有的是擁有克服一切障礙的力量。

## 妒嫉

妒嫉是物質與心靈成就的障礙。何謂妒嫉？妒嫉如何產生？正如同其他煩惱，妒嫉的本質（又名為「成所作智」）是純淨的，是毫不費力就能夠成就一切目標的能力。一旦我們珍視自己勝過其他人，最先想到的總是自私的慾望。於是我們開始妒嫉看起來比我們更快樂、更有成就或更受寵愛的人；我們怨恨鄰居有福氣，覺得他們的成功貶低了自己的成就。

想要淨化妒嫉的毀滅性能量，就必須修正自己的態度。讓我們練習時時祝福別人一切順利，並為別人的幸福與福氣感到欣喜。只要我們留心，就能夠在嫉妒心升起時立即發現，並將能量重新引導到正途上。能夠不被妒嫉的苦惱所阻，其自然流洩出的能量就會滿足自己和別人的需求與企望。

## 無明

前面說明的四種煩惱：慾望、忿怒、傲慢、妒嫉，全是來自「無明」的苦惱。「無明」為一切煩惱之根本，其成因在於我們無法與純淨能量合而為一，而這股能量即為一切經驗之基礎。當智慧展露光芒，能量就不會被「自我」扭曲；當障蔽無明的力量被淨化，「法界體性智」就會浮現。淨化五種煩惱，「五毒」便化現為「五智」——「妙觀察智」、「大圓鏡智」、「平等性智」、「成所作智」、「法界體性智」。我們也因此達到喜悅與解脫的聖界。

## 征服自己的敵人

讓我們深呼吸一口氣，不陷入過去、現在或未來的思維。我們不需要其他一切，只要好好地深呼吸。呼吸才是我們真正的朋友。唯有呼吸與自己無二無別。當所有其他一切離你而去、崩壞、消失時，唯有呼吸不離不棄。

每一口呼吸中都有戰士般的本質，只不過，心靈戰士不會對外在敵人舞刀弄劍。他們並不想摧毀什麼，而是決心了解到底是什麼正在摧毀他們。忿怒、慾望、傲慢、妒嫉和無明才是心靈戰士真正的敵人。心靈戰士向自己的煩惱宣戰，決心找回清淨、無條件的本性。對他們來說，能夠找出無窮的清淨並安住於此純淨的狀態中，才是無比的勝利。當心靈戰士與自己的真性無二無別時，喜與惡二大敵人就永遠無法攻克這堅不可摧的和平堡壘。

在這世上想要找到和平，不僅令人生畏也讓人怯步，因為即使在最寧靜的地方，煩惱依舊不停地挑戰我們。倘若能攻克、擊潰這些內在敵人，就算身處徹底的混亂中，我們也會找到無懈可擊的平和。我們毋須防禦性的作為或是侵略性的策略，因為真正的敵人「煩惱」已經當場被殲滅。不花費一槍一彈，我們已穩操勝券，勝利在望。

第八章

# 耕耘與收穫

## 恆常的因果定律

「因果」指的就是「行」和其「後果」。我們的「行」會種下種子，在現在或未來某個時刻成熟，這就是「果報」或「業」。我們必須時時以敏感與關懷之心行事，因為每一個念頭、每一句話語、每一種行為都有後果，不但影響自己更影響別人。唯有依循恆常的因果定律行事，我們才不會以私心行事，因而享有更幸福的生活。

不妨先了解「業」和因果定律：種下蘋果籽，我們終將收成一籃籃蘋果；手靠近烈火，會感到炙熱難耐。這些因果關係不言自明，容易理解。然而在人的念頭和情緒領域中，因果關係的運作不是那麼顯而易見，因此較難領會。儘管有人說唯有得到圓證菩提的佛陀，才能夠明白因果中微妙、錯綜複雜的運行方式，我們仍舊可以從生活經驗中反思，理解善行怎麼帶來幸福，惡行何以導致痛苦，草率粗糙的作為又如何讓我們遲早陷入困境。只要我們留意每一個念頭和行為的後果，就永遠不會傷害任何人。

在森林裡漫步，凡走過必留下痕跡，或使樹葉沙沙作響，或令泥土輕輕擾動。正如光線在底片上顯影，一切念頭和行為都會在意識流中留下印記，一直到我們承受業報，業報耗盡為止。

每個抉擇都有其後果：對陌生人微笑，大概會得到友善的回應；拳腳相向，肯定會遭受暴力或更糟的對待。但無論如何，選擇權操之在我。所以，何不時時心存仁慈、體諒別人？或用善行觸發善報，進而讓善得以生養，正如骨牌效應？只要明白因果業報，你就會努力從他人的角度著想，而非剛愎自用。

因果定律是真實不虛且毋庸置疑的。佛陀教導我們，一切行為都有後果，不僅影響此生，甚至會影響來生。只要確信善行會帶來善果，並以此信念做為行事基礎，生命就會改變，家庭將會改變，社區將會改變，世界將會改變。惡行雖將我們拖入苦難深淵，但若此生行善，其正面的動力將延續數世，讓自己愈來愈接近覺悟。

我聽過一個關於守財奴的故事。有個人工作、收入穩定，但卻一毛不拔，十分吝嗇，甚至身穿襤褸破衣沿街乞討。他過世後，同村村民搜遍其住處，想找出他祕藏的錢支付喪葬費用，卻連一毛錢都找不到。處理完後事不久，村民打掃他的故居，在泥磚床的床墊底下發現一扇緊閉的木門，敲開後赫然發現裡面藏著一大疊鈔票，一隻巨大、可怕的蠍子站在上面！村民們相信這個吝嗇鬼為了固守自己的寶貴財產，轉世成一隻可怕的毒蠍子。

努力克制蒙蔽真性的惡念惡行，牢記恆常的因果定律並留意自己的所思所為，我們就能在修行中不斷成長。在佛教傳承中，我們跟隨的是帶領自己愈來愈接近真性的正道。這就是為何偉大的上師們時時問弟子：「你相信因果嗎？」如果答案為否定，上師便拒絕傳授聖法。唯有弟子證明自己理解、並深信因果定律，上師才會施以最高深的教法。倘若我們缺乏這股信念就貿然接受高深教法，教法反而會膨脹「自我」，就像用一把致命的劍扼殺自己解脫的機會。

充滿私慾的「自我」就是業報的滋生地。不受自私動機所汙染的行為才是不會造惡業的清淨之行，更不會為任何人帶來痛苦。唯有脫離「自我」，並和此純淨、慈悲的能量緊密結合，我們才不會再製造惡業或善業，也不會再經受業報。但是，這不表示覺悟者會停止一切作為，或變成沒有生命的石頭。

一旦覺悟，無窮的能量就會化現成自發行為，無關乎任何善惡後果。覺悟之行清淨又喜悅，因為它化現自一顆慈悲、關懷他人之心。這種不被「自我」所阻的能量，就像是不被水壩阻攔的河流般自然流動，脫離「自我」的拘禁，從自身所化現的圓滿慈悲能量將在此生或來世遍布世界。為了圓滿利益眾生，這種慈悲能量甚至會以多達千種的方式化現。

## 繞著圈子跑

當我們被妄想和慾望控制，便會困在輪迴的惡性循環中，被惡習所牽引。不斷受到衝突的念頭和紊亂的情緒所折磨，雖然馬不停蹄，卻始終無法到達彼岸，彷彿像是一場在跑步機上舉行的賽跑般永無止盡，白白耗盡氣力。

人們通常認為輪迴令人反胃，但這非意指我們的世界本就不清淨。輪迴之所以有不清淨且令人厭惡的化現，原因在於我們缺乏對心和實相本性的覺知。也就是說，我們沒有以健全的方式和自己的體驗結合。

儘管內心焦慮不安，我們仍然選擇相信一切都很好，因此大啖美食、穿上名牌潮衣、沉醉男女歡愉之間……，縱情享樂過一生的念頭時時盤據心頭。只可惜，我們終究無法全然享受這一切；而且我們愈是放縱，慾望就愈多。在自生不滅的輪迴中，我們無法來去自如，慾求不滿的循環糾纏不清，找不到逃生口也很難抽離，而這就是尋求歡愉所造成的矛盾。

該如何逃離這令人身心俱疲之地？該如何生活才不會招致惡果？該如何自在

地享受生命，不對愉悅上癮、不執著於稍縱即逝之物？這一切端看我們如何運用智慧，讓自己從輪迴的禁閉和苦痛中解脫。沒有人能代替我們。正如佛陀所言：點自己的光明燈，做自己的庇護所。

無論表面上看起來多麼堅強健壯，我們都有脆弱的一面，只要以敏感的覺知對待這種脆弱，對他人就更能感同身受。從別人眼中看到脆弱與美，同情心就會油然而生，「我執」也得以鬆綁，慈悲心足以澆熄對別人的敵意與瞋恨之火，與一切眾生的交流將充滿善意和溫暖，每個人都能心滿意足。你會逐漸擺脫輪迴幻覺的掌控，就是所謂的「善業」。

覺醒之際，輪迴的苦痛和疲憊將戛然而止。我們與每個當下無二無別，每個當下都會徹底完滿，享受圓滿的自由與滿足——這就是覺醒之美。

## 正視混亂

我們可以用「自然的簡樸」來形容最初的念頭，而「混亂的世界」則是隨之而來的每個念頭。如果最初的念頭純淨而完整，這種勇猛而自然的簡樸將會在剎那間妥善處理好一切。初念毋須野心勃勃，比方成為偉大的心靈修行者——只要安住在本初狀態、擺脫一切造作，讓智慧大放光采即可。這麼做需要勇氣，因為我們必須對此簡樸的基本狀態抱持明確的信任和信念。

我們不需要逃離這個混亂的世界，生活少了紊亂反倒有些無趣。請記住，我們不是機器人，而是可以創造無數念頭的人類。念頭提供我們無限的契機，讓自己變得更堅強，並開發出新的技能。問題不在於混亂本身，而是我們不相信自己有能夠面對混亂的能耐。因此當生活遇到麻煩，我們就趕緊修行；當一切順利，我們便將禪修拋諸腦後。人如此善變，與真我只能同甘卻不能共苦。倘若我們想勇敢面對混亂的世界，就無法抱持這樣的態度處世。時時謹記生命如此短暫、死亡步步逼近，以此激勵自己珍惜寶貴的修行機會，努力修行。

06232013.

每個人都會抵達一個對自己不安的念頭和暴躁的情緒感到筋疲力竭、挫敗的生命階段；只要我們願意放棄一切，就此撒手，便能鬆一口氣，並在完全的自在中放鬆。一旦有勇氣擁抱初心，無論發生任何事，都能找到力量面對一切，能夠輕而易舉地面對病痛、悲哀、絕望以及喜悅、成功、成就。祕訣很簡單，就是擁抱生命的一切，你會因而了解，生命的歡樂悲傷正如同一支令人著迷的舞。

我們稱偉大的上師和聖賢們為「解脫者」，原因在於他們將自己從痛苦中解脫出來，並幫助別人得到自由。他們從不妥協，對於認識世界以及面對世界真實面貌的能力充滿信心。我們應該效法他們的生活方式，找出他們的力量來源，從而發掘自身的力量泉源；揭開勇猛初心，就能擁有它，如此我們就能在混亂的世界中簡單過日子。面對世界的真實面貌，我們最終得以解脫。

## 細微的調整

仔細調整一言一行，能幫助我們向覺醒的目標邁進。佛陀曾說：「拴緊、再拴緊；然後，放鬆、再放鬆。」在我們達到完美的平衡狀態之前，必須精進努力成為完全真誠的人——不造作、不偽裝。我們必須真誠面對眼前的一切，並接受其應有的價值；一旦調整到完美境界，就毋須進一步更動。

調整自己的行為之後，接下來的課題就是評估自己是否變得更寬容、更關愛別人？是否變得更隨和、更能順應變化？請像個密探般，時時監視自己。每當發覺自己脾氣暴躁、難以相處時，當下立即告訴自己：「夠了！我不想再當你的保母。我已經照顧你累生累世，真的夠了！」我們必須自我否決，直到馴服自我、掌握自己。

不斷鼓勵自己並對自己的言行舉止保持警覺。捫心自問：「我做錯了什麼？」一有任何細微的私心浮現就立即調整；承認自己氣量狹小，當場懺悔。我們的上師如是說：「惡業不含任何善。」然而只要承認惡行，並表達真誠的懺悔，惡業就能夠因此淨化，這也是惡業所能提供的唯一贖罪方法。

最後，請時時關注自己生活中的言行舉止。這麼做不代表你爾後不再造業，也不是要把自己綑綁住或變成僵硬呆板的人；這麼做是讓自己時時保持戒備，辨別自己的念頭或言行是否被私慾薰染。想要活得安然自在、脫離苦因，就要時時運用洞察力，因為自私的想法百害無一益。

第九章

# 完美的自由

## 擺脫二元思維

念頭與情緒實乃純淨能量的體現，然而一旦我們認同自己的概念與感受，就無法自在地與此能量共舞，致使我們不由自主地接受或拒絕任何自己正在面對的事物。二元思維的極端，阻斷了我們與當下之間最直接、自然而然的關係。任何有分別性的概念——得失、樂苦、喜惡、高低等——只會蒙昧心智清淨本質的光明性。「我」和「他」就是最基本的二元概念。我們應該了解到，一旦與當下全然結合，「我」和「他」就不存在，就「自他無分」。

在佛教傳承中，我們以皈依三寶做為踏上心靈修行之路的第一步。我們在一生之中不斷從朋友、伴侶、工作、房子中尋求安全感與庇佑。在某些古老文明中，人們皈依日、月、動物、樹木和山林，而在修行之路上，上師是你我真正可靠的皈依之源，能夠指引我們找到恆久的幸福和自由。有些人或許會認為：皈依上師，將上師捧在高高在上之處，因為上師擁有比自己更高的智慧和德行，不也是落入二元思維的窠臼？殊不知，上師其實是你我內在智慧的映照。皈依上師實際上是尋求在覺醒潛能中獲得護佑。

所謂「究竟的皈依」，就是從二元思維當中解脫，但是有時候我們必須循序漸進，正如孩子一寸寸成長、茁壯。走上一條漸進修行之道，能帶領我們前往「無二」的喜樂淨土；二元概念的烏雲將消散，我們也將體驗到清淨、無二的感知。

倘若能以智慧看待人生，擺脫二元極端概念的糾纏，你將有能力正視每一次全新挑戰。對過去的悔恨及對未來的期望都無法蒙蔽你清晰的視野，我們不再因希望和恐懼而躊躇不前。不抱希望，並非表示態度消極或是不再融入這個世界。

大部分時候，希望源自一種「被剝奪」的心態，以及想得到更多的慾望。倘若重視自己的生命，並滿足自己所擁有的一切，「希望」就會消失，取而代之的是一種「探險精神」——全然的開放和覺醒。我們會有善舞的雙腿和雙足，能夠善巧地與所有體驗共舞。

月相多變，時而盈滿澄明，時而細若秀眉。明白月有陰晴圓缺之道，我們就懂得欣賞月相變化的美妙過程，懂得欣賞當空明月卻毫不貪戀。能有這番理解，方能超脫希望與恐懼。超越一切二元極端的概念，才是真正自由的表現。

## 記住完美當下

當下升起的念頭並無任何堅實的安身之地。認清這一點，念頭就會消溶於無形。這時清晰與光明本性會升起，我們也就體驗到清淨虛空。這裡說的「空」，意指萬象的真實本質並無文字可敘述。事實上一切事物皆「無」固定概念可言，是我們將特質或特徵強加在感知到的事物上，並一一為之貼上標籤。只要明白它們並非真正存在，念頭就沒有力量欺騙、干擾我們。

擾人且染汙的念頭一次次將我們囚禁在妄想和痛苦中。我們必須掙脫念頭的局限性，卻不能以壓抑的方式來尋求解脫。要明白，當我們體悟念頭的本質時，它們就會自動消溶，就像一條緊纏的蛇鬆綁自己的身體一樣自然。這就是佛陀的究竟教法：「無為之道」。

既然念頭會自然地消溶，我們就毋須費任何氣力。不過這不代表我們可以因此偷懶、罔顧紀律。許多人常常誤解、曲解「無為」教法，把它當成偷懶的託詞，欺騙自己。想要修行，我們必須做個敏感、有組織、精進努力之人。就算是一位渾然天成的天才舞蹈家，也必須天天勤奮練習，保持身體的柔軟與力度。對一般修行者來說，「無為之道」仍需「有為」的禪定修持。唯有通過禪修的自律訓練，概念上的理解才能昇華為直接的體會。我們到那時候才會超越智識，直接了當地體驗心的真正本質。

時時保持覺察，並記得問自己：「這個正在體驗的『我』到底是誰？」這番覺察宛如一條將你喚醒的鞭子，當你感覺到鞭子存在的當下，會意識到「我又回到這個『我』了」；但當你揮鞭而下，卻突然察覺「我」其實並不在場。很自然地，我們便能回到清新和純淨的當下！

俗世裡的人總是聚精會神在「我」，以及「我」所體驗到的東西上。這麼一來，我們就很難記住完美的當下。雖然每一刻都如此完美，我們卻不斷錯過，因為我們不斷迷失在心智所下的注釋之中；我們不記得生命的可貴而且失去覺知心，因此在輪迴中迷失。唯有擁有純淨的覺知，一切感知才會完美無缺。只可惜我們常在散亂的漩渦中不斷轉圈子——這就是輪迴。但是我們不會在某個街角找到輪迴，它是出現在心中的。唯有在自己的「心」上下功夫，我們才能突破輪迴；無法突破輪迴，我們就不可能體驗到這種完美。

## 自然而生的成就感

之所以無法認同生活中的大小事，原因在於你尚未發掘自身天生的圓滿。一旦體悟這種圓滿的境界，你會發現：一切就是我們自己，一切唯我所造；笑與淚中有美，生與死中也有美。世間萬物都能引領我們、教導我們、扶持我們，我們與一切同在！

與一切同在，就是我們的修行。抱持「這不好，我不想要」或「這個好，我想要」等拒絕或接受的想法，並非修行之道。唯有放棄「想」和「不想」的二元思維，才能擁抱真正的喜樂。這種喜樂如此深刻，不用執著也毋須害怕失去它，我們將挖掘出用之不竭的寶藏——也就是「如意寶」——並感到一無所缺。

我們的信心會更加堅定，不再感到匱乏，就算銀行存簿數字歸零，心靈依舊富足，這就是「大圓滿」（藏文為「佐欽」）的見地，為佛陀教法的最高境界：一切事物的本來狀態即十分圓滿，毋須任何增減，是達到直接證悟心智本身清晰、清澈性的究竟方法。這裡的圓滿，並非相對於不圓滿而言，而是指一切的本然面貌已圓滿，一切皆奇妙地自我化現、美妙地自我組織。這時，我們會變得謙虛而知足，毋須執著於大圓滿的見地，也不必認同任何事。如此一來，我們便擁有了一切，真正地完整無缺。

## 此山不若彼山高

想要體會圓滿的自由，便不能與當下失去連繫。每一刻都是完整的，能在此當下如是擁抱喜與悲、苦與樂，我們就會擁有圓滿的自由。大部分時間裡，我們因為習慣性地重溫過往、制約現在、期盼未來，貶低當下的價值，讓直接面對當下的可能性變得微乎其微，更沒有機會得到全然的自由。自發自然地回應每個當下，才是「究竟」的自由。

一場馬拉松訓練、一趟旅行準備，或是一段考試苦讀，除了是達到目標的手段之外，也應該是你全然活出並體驗的每個當下。此山不若彼山高，下一秒永遠無法「高」過當下此刻！不論我們的經歷是什麼都沒有例外——當下即是一切。

想像一下，當你直接面對此刻當下，所體驗到的獨立自主以及感受到的喜悅。生命的長短並不重要，重要的是生命的品質。全然活在當下，即使下一刻死亡突然降臨，也能從容面對。想要全然活在當下，就得做真正的自己。

蓮子能夠長期處於休眠狀態，但只要有泥土、水和溫度，種籽最後就會生成美麗花朵。無論我們過去有多困惑都無所謂，現在就是看清一切，做真正的自己的最好機會。大家都想得到無畏的自由，而「覺醒」就是自由、全然地活在當下。

## 不執著

隨著年齡增長，我們會愈來愈認同自己在社會上所扮演的角色。無論老師與學生、領導者或追隨者、朋友或愛人，我們好比舞台劇演員，扮演多重角色，但卻很少認知到自己只不過是個正在呼吸的人罷了。

當我們在生命盡頭嚥下最後一口氣時，那些曾經扮演過的不同角色都無法為自己帶來慰藉或安全感。執著於這些局限的概念和相對的條件，只會徒留悲痛與哀愁。死亡降臨的那一刻，對於「自我」概念的執著，讓我們很難嚥下最後一口氣，這會造成徹骨之痛，進而讓你我遺憾悔恨。

唯有覺察自己最後一口氣始終近在咫尺，才會感恩生命的價值與深刻。這樣的覺知超脫文化、種族和社會界限。真正的智慧給予我們活在當下的自由，不被扮演的世俗角色或責任所定義或羈絆。當我們吐出最後一口氣時，一切世俗成就終將成過眼雲煙，因此何苦讓自己現在就被牽絆？何不自由、喜樂地活在當下？

你可曾體驗過一口完整的呼吸？也許你覺得自己很特別，然而，從未體驗過一口完整呼吸的人，根本算不上活得圓滿。極少人以覺知呼吸，殊不知圓滿的呼吸充滿喜樂。我們毋須匆忙度日，毋須認為每天都得成就一番事業；無論獲致多少成就，直到臨終那一刻，還是會覺得事未竟成。唯有當我們全然呼吸的一剎那，困惑才會停頓、動盪才會終止，世間萬物都在呼吸的當下自然成就。

只要如此呼吸，無論我們扮演什麼角色都不會感到乏味，而且會發覺自己能夠如是接受一切，不會因為細節小事大驚小怪；我們能夠管理干擾，也能夠協商條件。呼吸是生命的表現，一旦我們認清彼此同樣身為有呼吸的平等眾生，就不會與任何人起爭執；當我們將一切呼吸中的眾生當成朋友，就能親切地接納每個人。我相信，只要我們能如此自由自在地呼吸，一生就能夠長久而幸福。

## ．轉向自由．

若想擁抱自由，就要避免依賴物質所帶來的舒適感，學習如何與自己不受因緣條件限制的本性合而為一，獲得滿足。如此一來，當你愈挑戰自己，就會愈有信心。反之，對自己的生活方式愈執著，就愈倚賴外在條件。唯有認清什麼有意義、值得專注，才能避免那些為自己帶來負擔、阻礙自由，並蒙昧真性的事物。

我們的心每天都在改變。今天讓我們快樂的東西，明天可以讓我們痛苦。我們一廂情願地相信，受條件制約的情境既可靠且穩定，然而我們所依賴和珍愛的

Being.

一切很快就會改變、消失，徒留無助與失落感。

時時覺察自己的慾望和需求，同時牢記改變的必然性，以及無常的真實不虛。反思一切受條件制約之物的無益，將一切表象視為幻覺魅影或海市蜃樓。當我們走近海市蜃樓，舉目所及盡是一片黃沙，毫無綠洲的蹤跡。一切經歷、青春、力量、智識、財富、友誼、家庭和成就等，正如同夢境或是天上的彩虹般無法恆久存在。當我們沉睡時，也許會夢到自己戴著無價的鑽石戒指，一旦甦醒，卻發現手上其實空無一物。信任自己真正、不受條件制約的本性，空無一物的手掌心將會見證我們的真性，增長信心。我們在世上所執著的一切不過午夜夢迴的幻境，只是虛幻的存在。

視萬象如夢，就不會因此感到興奮或苦惱；我們會看見生命的幽默，明白其中的玩笑。修行中所獲致的成就，無論沉靜、喜樂或清晰，都是夢幻泡影。唯有如此，才有可能作一場更大的夢——就是「覺悟」。追根究柢，覺悟也是一場夢。但矛盾的是，我們口口聲聲宣稱要覺悟，但事實上根本沒有實質存在的覺悟能讓我們成就。

生命的本質終究不可言喻，無法表達，卻能夠體驗。作完這場大夢，可能還有各式各樣的夢，也可能不再作夢。無論如何，我們還是會經歷喜樂與自由；我們會找到平衡點，不會對任何事太認真或太輕率。在這個平衡的綠洲裡，你將體驗到真正自性，也就是大解脫的本源。

## 何謂自我解脫？

自我解脫就是徹底地活在當下。以聖諦的說法，因為「自我」已在當下解脫，「自我」也就不復存在，更無人需要解脫。當我們全然活著、不再自我投入，當下即是解脫；自由地活在當下，一切壓力和掙扎都將消失無蹤。

當我們追尋「更好」的事物時，其實就已經錯失當下。若此刻完滿無缺，我們就擁有一切，即刻圓滿成就。僅僅擁有世俗間的成就無法滿足我們，唯有與當下建立完整且毫不妥協的關係，方能為我們帶來長久的滿足。

無法全然活在當下的人，時時刻刻都會感到匱乏和不全。道理聽起來不難，但如果認為自己聽完這些教法和概念後就能掌握其精華，其實是欺騙自己。這些話語也許很珍貴，但空有知識上的理解卻缺乏直接的體悟，就猶如被囚禁在「黃金牢房」中失去自由。概念上的理解非常有限，唯有自由地活在當下，才有解脫的可能。我們必須要擁抱、體現這赤裸的真理。

每一個當下的精要心髓既深且廣。不妨問問自己：「有沒有勇氣從過去中解脫、從未來中解脫，甚至從當下解脫？我願意超脫『自他』的二元思維嗎？我有足夠的勇氣超脫智識和情緒，體驗真正的本性嗎？」時時刻刻練習解脫自己的貪、瞋、嫉、慢、痴，解脫每個當下，就是此傳承的教法核心。

在每個當下解脫的立論何在？海螺自始至終都是白色的，即使深埋在土中億萬年，依舊保持雪白。我們的本來自性就像是白色海螺，無始以來都是如此純淨、完美。倘若能夠見到這種清淨，一切都會在當下自然而然地獲得解脫。換句話說，沒有任何東西能阻擋我們全然在此當下做自己。生命中的每一刻都是完整的一刻，而覺察這個完整性就是自我解脫的基石。

## 不執著於任何見地

大圓滿傳承中的上師總是強調，世俗的責任及生活方式並非人生的重點，擁抱自己真正的本質才是首要之務。我們毋須汲汲營營於追求身外之物，只要領悟內心擁有的財富即可。大圓滿教導人們，自己的精華本性恆常清淨而完美。這樣的無瑕清淨自生自有且自給自足，毋須任何人為造作；與這樣的完滿狀態同在，就是一切煩擾的終極解決之道，以及一切疾病的仙丹靈藥。

在大圓滿的見地中，一切停留在其本然狀態就是完美的。當室友正在打鼾，他就是在打鼾，如此簡單。你不用吹豎笛或拉小提琴為鼾聲伴奏，反之可在其中找到節奏，並接受它。如此一來，室友的鼾聲也可以像唱詩班聖歌一樣美妙。世間萬物都有這種無法言喻、魔幻般的氣氛，有著無限的可能性。倘若我們堅持事情定非如此，就是執著於自己造作出的事實版本；大圓滿並不執著於任何見地。如果執著於任何見地，就無法認知或接受事物的本來面貌。

大圓滿傳承對眾生的清淨固有本性抱持最高敬意，認為也認可眾生本性為善。追根究柢，根本毫無任何「善」需要建立，也毫無「惡」需要消滅。關於發掘本來自性，大圓滿教法並不倡導人要有所成就，因為我們無法構建自無始以來即不受因緣條件制約且自生之物。然而，要不去追求進步或自我改進從非易事，因為這需要對「堅信萬物本來即如此的自生圓滿」擁有無比的信心。

曾有人在開示之前如此問我：「你是否會在講課前做準備？」我心想：「真是個好問題！」是否真有任何方法，能讓我真誠地做準備，如果有，我又會準備什麼？如果我準備對他人說好話，就等於失去了自己的自由、成為他人的奴隸。因此，答案是否定的，我不覺得需要刻意營造任何言語。我同大家分享的，不過是我上師的仁慈之心，以及對圓滿自由的一瞬目擊。

第十章
# 把禪修當成生活的一部分

## 禪修的必要

有句俗諺說：「坐而言，不如起而行。」光是鑽研學習教法仍不足矣，我們更應身體力行；一旦對教法有些許了解，就應該著手訓練自己、練習禪修。大多數人無法立刻將教法體現在生活中，也許你能夠理解某些概念，卻無法馬上將之化為行動。廚房新手不可能因讀遍食譜而躋身名廚之列，而是得下盡苦工，學習如何善用烹飪器具以及各種食材調配方法。為了將教法融入生活，我們必須按部就班地學習，練習禪修。

沒有透過修行來體現教法的人，面臨挑戰時，就像是身處戰場的嬰兒般毫無自我防衛能力。透過禪修，我們的心將逐漸安頓至其本然狀態，不受煩擾念頭或情緒侵襲。沒有禪修的訓練，我們很容易就被自己的心哄騙；我們以為僅僅了解文字就等於掌握教法精髓，這就是最可怕的陷阱。

要避免自欺，就得認真對待教法，並將之應用在生活中。你也許覺得自己很精明，也知道自己的心能有多精明，可是唯有停止愚弄自己，才能變成自己的最佳益友。有了方向與專注焦點，我們的腳步才能更穩健，視野才會更清晰。

練習禪修，讓忙碌的心平靜下來，培養洞察心智真性的理解力吧。禪修並非心靈修行的終站，而是揭示深奧智慧的有力工具；此外，我們也不應該對禪修抱持任何偏頗的態度。倘若只是因為覺得禪修了無生趣或態度消極，進而拒絕，就等於被困在「執著於『不想禪修』」的慣性思維中，連第一關都過不了。基於恐懼、懶散或是由「自我」驅使的進步主義致使你不願禪修，這些習性會拖垮你，就像一個虛弱的泳者被強力的暗流捲入海底。不願禪修，會讓站在心靈戰場上的你毫無抵禦能力，最終被種種念頭和情緒徹底擊倒。無法律己，就會失去尊嚴。

仁慈對待自己，認真看待神聖的教法，將禪修的訓練融入生活中。你會因此受益，你的同事、朋友、家人會因此受益，甚至連敵人都會因此受益。

我鼓勵大家練習禪修，對修行抱持信念並持之以恆，我們將得到川流不息的好處和加持；讓教法成為生活中不可或缺的一部分，如此一來我們就能獲致完全的滿足。實際上，眾生皆有實現真性的潛力，可以從破壞內心平和的煩惱中得到解脫。這種潛力並非釋迦牟尼佛或任何人之專利，而是廣大眾生與生俱來的本質。只要努力精進，將時間和精力投入修行，就會得到解脫之果，你一定做得到！

## 學習專注：基礎禪修法

把禪修視為一種減輕壓力、讓內心平靜的方法，其實是一種誤解。我們應以慷慨的態度開始禪修，每每坐下來冥想時，都把這項修煉當成供養眾生之行。要明白，每個人都和你我一樣，想要找尋得到快樂的方法，而禪修則是達到目標的手段。持續的禪修將帶給我們喜樂；擁有一顆喜樂的心，自然能夠利益眾生。請下定決心，以此無私之心進行禪修。

要開始禪修，首要之務即是學習如何專注。我們的心在大部分時間裡四處徘徊，我們也很容易被感觀與念頭迷惑而難以保持專注。因此一些訓練是必要的，唯有透過訓練，我們才能專注在當下，全然體驗當下。

禪修方法有很多種，讓我們從其中一種方法開始。首先坐直，自然地呼吸；默算自己的呼吸，從一數到二十一，逐漸習慣自己的呼吸節奏；舌尖輕頂上顎，若感到昏沉，舌尖會鬆落，這會讓你從倦意中驚醒，這時只要再把舌尖頂回上顎，繼續保持專注即可。可以的話，請盤腿、雙眼沿著鼻尖朝前直視。我會建議不要閉上眼睛，這道理跟在叢林中見到老虎而心生恐懼時，就算閉上眼睛老虎也不會消失相同。禪修時閉上雙眼，並無法讓散亂的念頭和感受消失。睜開雙眼，反倒能保持警覺，準備好迎接任何挑戰。也許有人認為閉眼可讓禪修更有效率，實際上這麼做並無法提高專注力，只是更容易入睡而已。

調整姿勢和呼吸之後，試著專注在特定物件上，例如佛陀的形象，它可以是一尊實質的佛像，也可以是腦中所觀想出的影像。你可以選擇某部分——佛陀慈祥的雙眼或其金色之身等——一旦覺察自己的念頭偏離這個專注點，輕輕將之帶回即可。要是覺察自己轉念，想著股票投資組合，或是剛才忘了按下洗碗機開關，就把注意力拉回佛陀的身影上。畢竟股票投資只是俗事一件，而髒汙碗盤可以稍待片刻再洗。這個練習非常具有挑戰性，因為通常我們的心很容易從一個念頭跳到另一個念頭，彷彿一隻躁動的猴子，在樹梢之間上下跳竄個不停。專注在一樣東西上不動是非常困難的，需要我們付出所有的注意力及決心。不妨觀察自己的心能夠專注多久而不飄離。一般來說，若能維持五分鐘的專注，就已經算是很好的禪修者了！

一天當中不分時刻，隨時都可以練習禪修，因此你盡可隨自己的意願決定禪修的時間長短。剛開始練習時，時間不需要太長，五分鐘的練習就已足夠。五分鐘之後，也許你會開始覺得在和自己的心鬥爭，這時不妨放鬆一下，告訴自己：「你這個被寵壞的小鬼，現在想去哪就去哪吧！」讓自己的心飛到巴黎、紐約或上海；或者動動身體、伸展筋骨、跳舞瘋狂一下。一旦精神恢復之後，再坐五分鐘。保持「專注／放鬆」的循環約半小時到一小時。練習時間長短不拘，覺得舒服，不過分操勞即可。保持五分鐘不動搖的專注，勝過五個小時的散亂。

即使是最高段的修行者，練習專注的基本工夫依舊至關緊要。把一杯泥漿放著不動，泥土最終會沉澱至杯底，留下純淨的水。練習專注，在心浮動之時找回注意力，光這項簡單的練習就能夠平息內心焦躁不安的念頭。只要持續修煉，讓自己的心平靜下來，就能體驗澄澈明晰以及清淨的存在。

練習禪修，生命中的考驗、磨難和高潮起伏就不會太過干擾我們，因為我們的身心已更加放鬆，而禪修和生活的大小事之間會有更緊密的聯繫。當生活偏離常軌時，禪修之果就如同汽車安全氣囊，在發生意外時保護自己不受嚴重傷害；因此就算天翻地覆、世界風雲變色，我們也會有更多的空間、更少的壓力；我們會擁有力量和明視，掌握所有充滿挑戰的境況。

請練習並保持專注力。若無法如此訓練自己，你會發覺自己就像被寵壞、縱容的小孩，面對挑戰時束手無策。唯有擁有「活在當下」的能耐，才能適切地回應任何境況。

請盡量每天保持某種形式的禪修。就算你成功爭取到價值數百萬元的訂單，在禪修所帶來的回報前也相形失色。生活可以沒有百萬元交易，然而內心缺少平和與健康卻萬萬不可。請寬待自己，跟自己做個意義深遠的交易：每天修行。每天抽出一點時間禪修，然後逐漸增加修行時間，如此，教法的真理才會在內心深處展露。倘若僅把教法放在腦中，我們會漫不經心地錯用自己剩餘的寶貴人生。禪修不僅僅只針對初學者，對於所有想在修行更上一層樓的人，這項訓練同樣至關緊要。

禪修之後要隨喜，並將修煉所得的結果回向給眾生；滿懷喜樂，心安住在殊勝的狀態，並發此願：

願此行所餘功德，能得日月長久，生生不息；

願我等與眾生，受益此行所得智慧與光明，直至成道之日；

我等所得功德，回向一切眾生之福祉。

善的能量透過回向得以保存，而修行也因此更加堅實；你更能為了自我與眾生之利益，獲取這股能量。

## 時時勤修持

一提到心靈修行，許多人總是回答「到時候再說」，然後顧左右而言他，心裡認為世間俗事比較重要。其實修行並不屬於任何範疇，我們的一切作為都是修行；但請記住，沒有任何修行比讓心靈成長來得重要。就算是工作和遊戲，我們也能以正念與冥想為它們增添光采；覺知一增長，生活中看似無關緊要的小事也能成為我們最好的老師。缺乏來自修行的啟發，生活很快便失去色彩。我們最好時時勤修行，無論做什麼事都要讓心靈受益——閱讀這本書也能成為一種修行。

我們與呼吸形影不離，但是大部分時間裡，卻未能覺察到自己正在呼吸。閱讀這本書的當下，你是否察覺到自己的呼吸？不妨試著放寬自己的專注範圍，讓覺知心超越字裡行間，更加深自己的理解。

為什麼我們總是讓自己忙碌到無暇覺察呼吸？難道是因為我們並不「享受」呼吸吐納之間的生命完整性？倘若無法體驗這份不可思議的恩賜，跟死去有何不同？我們擁有財富和歡樂，卻無法在當下全然地呼吸，這和行屍走肉有何兩樣？

內心散亂之人無法體驗其本然的清晰，就算有幸聽聞甚深教法也不足以帶來啟發和真正的影響，即使隱居山林中閉關多年也無法改變生命的品質。想要體驗生命狀態的莊嚴，就必須懂得如何活在當下，唯有和呼吸的韻律相結合——當呼吸與生命像牛奶與紅茶一樣毫不費力地溶合在一起——我們才能品嚐每一刻、體驗幸福：

在此當享溫柔的呼吸。
在此當享愉快的漫步。
在此當享寧靜的一日。

在此當享迷人的慢舞。
在此當享神奇的示現。

## 三殊勝法

在佛教傳承中有三個修行要點，我們稱之為「三殊勝法」。

第一個殊勝法，是產生純淨的動機，亦即慈悲心與愛心：以利他的正向動機做為一切行動之始。

第二個殊勝法，著眼於行為或修行本身：我們應留意行之，常住於本然狀態，擺脫一切散亂。

第三個殊勝法，是功德回向：功德意指源自修行之善或正面力量。將自己最珍貴的本質以及一切源自修行累積的正向能量，回向給眾生福祉。

我們的一切作為——即使簡單如喝茶——都應當運用三殊勝法。備茶時，心生慈悲以及利益眾生的純淨動機為首要練習；接著全然留心地喝下這杯茶，這是第二步練習，也是三殊勝法的核心；飲用完最後一口茶後，將喝茶得到的喜樂回向給一切眾生，祈願眾生離苦、覺醒。因為三殊勝法，喝茶也能成為真正的禪修工夫。

就像陽光毫無分別地為眾生帶來溫暖，我們也應當把正行所累積的功德回向，以利眾生。在此傳承中，我們不會為一己之利而私吞累積的功德，而是將此正向能量回向，使眾生的覺悟本質在未來化現。圓滿的回向就是將我們的功德融於不受因緣條件所制約的境況當中。

時時確保三殊勝法與自己的一言一行合而為一。「純淨的動機」與「功德回向」明白易懂，行為或修行則需特別設定目標。比方說，若想練習呼吸禪定，那麼就專注地跟著呼吸，同時以正念留意其短暫、無常的特性。三殊勝法是提升思維，並讓我們莊嚴走在覺醒之道上的最佳方法。

## 呼吸禪定：「你好、再會」

練習禪修時，要坐姿端正、後背挺直、雙眼睜大；吸氣、呼氣；不要用力或刻意改變呼吸節奏；不要想著自己正在吸氣或是呼氣，只要自然而誠懇地與呼吸同在即可。

覺察、觀察自己的呼吸，並在呼吸中體現當下；吸氣時，覺察吸氣，在心中默唸「你好」來歡迎氣息，呼氣的時候，覺察呼氣，默唸「再會」來歡送它。在每一次的吐納之間，重覆「你好、再會、你好、再會……」。在此練習中，我們並未拒絕也未接受任何來去之物：一口氣進來時，以覺知心迎請它；一口氣離開時，以正念放手歡送它；不錯過任何一次吸氣，或任何一次呼氣，不因任何東西分心，保持對於呼吸的新鮮覺知。

或許你會問，說「你好、再會」的用意何在？事實上，這個練習並無任何實質目的，「你好、再會」的修習一直都是本有的方法，只不過我們在某個時刻分了心，迷失了、糊塗了，挫折與痛苦也因此不斷增長。

想要掙脫困惑和苦痛，就必須回歸最主要的目標，也就是「你好、再會」的基本訓練。我們在一生之中收集許多東西，但是收集愈多，痛苦也愈多；「你好、再會」才是我們需要的一切，請擁抱這個自無始以來就已存在的方法。即便離了婚或丟了工作也毋須擔憂，更不必留戀一切，因為只要說「你好、再會」的修行就已足夠。

「你好、再會」修行法能讓我們做自己，並且認識事實的本來面目。說「你好」時，我們認知到自己的本質。本質有如虛空，如此廣闊、開放，且輕易地容納所有念頭、感覺和感知；正如海納百川，我們歡迎漂流過自身那開放、廣大空間的一切。

而說「再會」時，我們認可自己毫無障蔽的本性。萬象無始無終地升起，然而我們無法緊抓這毫不停歇的示現中任何一面，而是歡欣地送別一切過往表象。

就像看到泡泡從水面冒出，說「你好」歡迎它，當泡泡在下一秒消失，請說「再會」來歡送它；沒有預期，因為我們從未期盼能見到什麼，沒有悔恨，因為不再回首；不涉及任何過去或未來，只有永恆的當下——這就是「你好、再會」。

## 無禪可修即究竟禪修

修行的目標是為了脫離壓力與痛苦，但是以純粹的理智無法實現這種自由。我們必須直接體驗教法，並在生活中體現之，這就是我堅定推薦禪修的原因。

禪修訓練並非易事，但是初學者必須擁抱禪修，努力練習，調伏自己的心魔，平息焦躁的心。穩健的訓練，加上喜樂的付出，就是尊重、照顧自己的最佳方法。隨著修行的進步，我們會有所收成，非但舉止會變得高雅，更散發覺醒本性的王者之氣；正如帝王統治他的臣民，你也能掌控自己的心智與情緒。

每個當下都是全新的一刻。我們需要一個讓眾生在世界任何角落都能練習的禪修方法。我們要有開闊的心胸，才能憶念眾生本善，這時，禪修便如泉水般純淨不受腐化。生命太珍貴，我們無法浪費或以惡念糟蹋任何一刻，也沒有餘裕留給狹窄的心胸或捍衛自我疆土。我們應馬不停蹄地練習這種充滿活力的禪修方法，將生活變成一場禪修。

時時刻刻充滿覺知就是一種無上禪修，一切的禪修方法目的都在指引我們走向這遍布十方覺知的臺階。辨認出心的本質，學習安住其中，就是真正的禪修。在藏文中，禪修的意思是「習慣於」。禪修並非目標，而是幫助你我發掘或「習慣於」真實心性的工具；一旦證悟這個真理，我們再也不需要這個工具。當我們安住在心的本性中，就不再有繼續禪修之必要，因為心已不再散亂，也沒有什麼需要「去習慣」；換句話說，「無禪可修」就是究竟的禪修。如此，我們就能逢山開路、遇水搭橋，因為一切在升起時就已自我解脫。

假若非得找個僻靜、遺世獨立的地方才能禪修，這證明我們的修行僅止於普通修為。然而，時時刻刻的覺知，讓我們能夠管理任何情況，才是我們最需要的，因為人生通常既混亂又充滿挑戰，我們必須能夠生存，並駕馭日常生活中的所面臨的緊張和壓力。佛教修行不僅只是持咒、誦經和安靜禪修，真正的修行指的是學習如何善巧地處理每一個情況。

無論做什麼，都要舒坦地去做，以放鬆、自然的態度行之；如此，你就會體驗到一個個念頭接著升起，一個個念頭來了又去。當你能警惕、覺察，就不會迷失在念頭中。你會很清楚，這些念頭不是你、也無法定義真正的自己。念頭就像候鳥劃過天際卻不留痕跡，沒有駐地或目的地。只要這般訓練，念頭的「所有人」最終會消失，也就沒有受苦之人或是煩惱之人，這就是時時刻刻的覺知和完美的「無禪可修」。

第十一章

# 修行之路

## 一切都不可行

從最開始我們就應該問自己：「我到底擺脫了多少錯誤想法和有害作為？」我們應當迅速承認自己的缺失和弱點，承認自己應當多下一點工夫，矯正自己的態度和行為。走上心靈修行之路意味著我們要有勇氣獨處，並檢驗自己的缺點，不受手機、即時通訊甚或強檔電影的干擾；我們要與自己的念頭獨處，如是面對自己，不讓注意力分散。

開始修行的最佳方法，就是先認清一切都不可行。隨著時間流逝，所有的計畫不但失敗，還失去自己最珍視之物；信仰、希望、生命力，甚至健康，一切最終都將讓我們失望。我們其實相當脆弱，所倚賴的安全感事實上一碰即裂。唯有面對、接受這種不確定及無力感時，才能以更大的力量與信念來禪修。

佛陀年輕時即是悉達多王子。那時他駕著馬車，在皇宮之外目睹人類苦難赤裸裸地在他面前上演。身為王子的他過著奢華的生活，舉目所及盡是極其奢侈的逸樂。但是當他目睹病痛、衰老和死亡之後，卻明白這些將是自己最終的命運。對此感到無比訝異的悉達多王子了解到，青春和享樂終將背棄他，執著於世俗享樂和安全感，最終將無可避免地換來苦澀的失望。他問自己：「到底發生了什麼事？生命的目的又為何？」他了解到所有受因緣條件制約的一切終究毫無本質，一切都不可行。於是他懷著決絕的出離心，啟程走向發現內心之路。

如今，禪修搖身一變成為時尚，以及一種讓特許之人參加、享用美食，與志同道合的人彼此交流，並和知名喇嘛合照的藉口。很明顯地，這並非真正的修行。真正的禪修會提高我們的敏感度，讓我們擁有更敏銳的洞察力，能夠更清楚地看見眾生心中最深的慾望和最大的痛苦。若僅因為學習禪修就覺得自己很特別，就有自大之嫌了。心靈修行並不是讓我們拿來強化自我或炫耀；真正的修行者從來不會自命不凡，而是展現出真正的謙卑，真誠地關心別人。

有成就的禪修者能克服生命中的任何障礙。想要養成這樣的自信心，只靠安住在安詳狀態中還不足以達成；因此，光學習打坐技巧來放鬆、靜心並還不夠。當你安靜地在房間裡端坐，止住念頭、進入休眠狀態，這並非禪修。一頭牛填飽肚子後，也能好好坐著、安靜呼吸，你會認為這樣就是禪修嗎？

禪修並不只是為了放鬆。禪修的主要目的是讓我們能夠有能力、善巧且優雅地面對生命中的困難與愉悅。現在，請深刻反思生命的短暫與不確定性，並仔細思量這個真理：我們所信任的一切如此偶然、不斷改變，唯有靠著修行來內觀，進而發現生命之核心。

心靈之路的追隨者必須如此前進，才有機會體驗生而為人的真正生命精華與價值。這是我們再次覺醒的契機，也是我們享受無遠弗屆之能量，並運用圓滿技巧為自己與他人找尋幸福的珍貴機會。

## 只是幻象

開心的時後，想要訓練自己、修習佛法常常困難重重。生活平順的人，很容易就忘記要修習心靈。為了激勵自己不怠惰，我們應思量因為私慾所招致的種種苦難；為了加強自己對「苦」的覺察，我們應觀想自己身在地獄，並想像超越自身經歷的恐怖遭遇。

現在的我們如同活在恆常不變的幻象之中。當我們年輕力壯時，總認為死亡與自己毫無瓜葛，但是時鐘滴答響個不停，就像藏人所言，死神永遠站在門前的臺階上等著。想像自己沒有食物可吃、沒有地方可遮風避雨的境況；想像自己正受困戰區或是面臨海嘯的致命威脅。用這種方式訓練自己坦誠正視一切，並沉思苦痛與改變的事實。

一旦能夠如是面對真相，就不必找尋知名的喇嘛，或施行任何奇特的宗教儀軌。我常告訴朋友，根本不必考慮練習禪修或追尋上師。如非做不可，那麼先享受這世界所能給予的一切，確保自己沒有遺漏任何東西。遲早有一天，你會說：

「夠了！我已享盡了一切歡樂，卻還是得不到任何滿足。」你必須先穿過這扇平凡的門，先經歷此生的歡樂，親眼見證它們無法讓自己獲得滿足，唯有此時才能對之做一個了結。

我摯愛的母親出生於西藏一個小康家庭，曾過著一段相當舒適的生活。身為獨生女的她備受寵愛呵護，任何願望都能獲得滿足。但是她的第一段婚姻，也就是嫁給我的生父，並沒有維持太久。再婚之後，她生了更多小孩，但是和繼父的婚姻也並不幸福。繼父最終過世，獨留母親獨自撫養所有孩子。後來，我的母親遇到一個真心喜愛她的男人，母親也視他為自己一生的摯愛。不幸的是，母親還沒能和心愛之人享受多少好日子，他就突然驟逝。於此同時，在短短不到四個月的時間裡，母親相繼失去了她的至愛、父親和么子。心靈的疲憊與深刻的悲傷，讓她對世俗之事感到漠然。母親找到一位上師，傾訴自己所有令人心碎的往事，並表達她想要修行的願望。上師告訴母親，光是嚐遍世間苦果，並擁有這般出離心，她已經完成了一半的心靈修行課程。母親最後受戒成為一位比丘尼，全心全意奉獻生命，努力修行。我相信，沒有心靈修行的引導和視野，母親的人生或許早就因巨大的苦痛和失望而失去方向。

就像飢餓幾天之後會想要大啖食物，一旦歷經物質世界的滄桑，我們就會擁抱佛陀的教法。佛陀開始求道前，享盡一切榮華富貴，體驗過各式享樂，但仍然覺得空虛、不滿足，因此決心找尋真理和永恆。他勇於面對生命的變遷，誠實、真誠地走出自己的路，揭開生命的核心與精華。這就是為什麼直到今日，佛陀的教法還能讓我們產生共鳴，並且深深觸動我們的心靈。

## ・・・・追隨佛陀

為何我們似乎總是坐立不安？總是不斷追尋卻從不饜足？十二歲時，我們渴望自己趕快長大成十八歲，到了十八歲，又期盼能夠馬上到二十一歲；一旦到了六十一歲，卻又希望自己永遠都是十八歲。其實完全毋須如此，因為並沒有一定要達到的目的地，也沒有恆常的成就供你我炫耀；不需要追尋更多，我們也能體會真正有價值的東西。

不斷追逐在過往辜負我們的事物毫無道理可言，接受生命現在的狀況才合情合理，才是美好的生活方式。我們毋須改變什麼，也毋須追尋更好的東西而增加自己的負擔；總是渴望得到其它東西的心理，不僅無法保證真正的愉悅或滿足，更會激起過多的不安和慾望。

請真誠看待自己，勇敢面對自己的弱點；不斷打擊自己的缺陷、耍小聰明的態度，以及自私想法。走上心靈修行之路，就是要培養更為成熟的理解力，增長更多智慧。追隨此教法，並不代表非得在客廳裡供養佛像，或自稱佛教徒不可。跟隨佛陀的腳步，指的是擁有一顆純潔的心，並真誠地尊重別人。換句話說，心靈修行之路意味著致力成佛；追隨佛陀，也並不需要誦唸所有咒語，或學習所有佛教經典，而是要將自己狹隘的心轉換成一顆慈悲的心。

## 我們的最高水準

自私的想法能否讓你感到真正喜悅與平等？這結果如同小偷竊取他人財物，到頭來還是感到懊悔，充滿罪惡感。倘若能以純淨無私、慈善利他的動機高雅地為我們指引方向，就永遠不會迷失在悲慘和恐懼的惡道中。只要以智慧行事，便能實現「真正的滿足」，我們毋須期待來世，此生就能達成！

為什麼一切所作所為，都要有仁慈的動機做為起始？簡單來說，就是我們別無選擇。我們試過一切「利己」的可能，卻總是無法達成目標。未來快樂的基礎是否能建立在自私的想法之上？自私行為的代價總是相當沉重，而如此的後果必須由自己來承擔。任何以「自我」為中心的作為所帶來的滿足，皆受因緣條件所制約，而一切受因緣條件制約之物最後都會崩解，正如地上的皚皚白雪，在陽光探頭出來之後終將融化。

我們都經歷過懷疑、恐懼、軟弱。但即使別人對自己很不好，我們依舊能夠理解與包容，並盡自己最大的力量活下去。一切眾生皆因慾望、忿怒，貪婪，妒嫉和驕傲所掀起的滔天巨浪而陷入煩惱。煩惱如此多，卻無人希望痛苦，因此我們為何還要將不幸加諸於他人身上？

沒有人應當受到我們的嚴厲批評或譴責，而是應當獲得我們發自內心的溫暖支持。唯有以此標準行事，我們才能夠活出更圓滿的人生。只要凝視彼此的眼睛，我們就能覺察彼此皆有的脆弱。我們毋須比任何人更加聰慧，因為你我都得面對病痛、老化以及必然的死亡。請努力培養一顆能夠包含一切、關懷別人的心，並將眾生的磨難銘記在心。慈悲並不代表我們高人一等，或是比別人更有品德，別讓這種誤導且自以為是的想法折磨自己。慈悲僅僅是純淨、高貴情操的自然體現。讓慈悲成為一種自然，我們自能享受到最高水準的生活。

## ‧‧‧來與去

心的本性沒有障礙，一刻接續一刻，一個念頭生，另一個念頭死；這種能量不會停止，它源自本初智慧，也是我們真正的本質；這個本質會有所化現，卻不是以任何實體或物質的方式化現；我們無法想像它或表達它——換言之，它超越任何想像，不可言喻。

這個本質就是心的慈悲性，來來去去的能量就是從這樣的慈悲性中毫無窒礙地湧現出來。我們應當明白：念頭無處升起，無處停留，也無處可去——它們來自廣大的虛空，也消失於廣大的虛空。

念頭的能量絲毫不停歇，一切都無法阻礙它，但我們偏偏總想阻止無法阻止之事，結果徒生心理問題。請記住，這麼做完全不切實際。念頭來來去去，根本毋須阻止，也不必放棄，只要安住在這持續的覺知裡即可。

沒有什麼是實在或具體的，當一切出現在心智中，根本沒有什麼能抓住或堅持；千萬別試圖在心中構想它，因為它就像是鏡子裡的反射——影像出現在鏡子中，又從鏡子中消失，如此自然，毫不費力。同理，念頭從心境中升起，又從心境中消失，彷彿鏡像般難以言喻、無法形容。

鏡子擁有無限的折射潛力，並不會因為沒有東西可映照，就失去其反射的功能。千萬別認為鏡子一定得映照出什麼東西來，鏡子的反射能力也不受物體存在與否所影響，正如生命的本質不受因緣條件支配。換句話說，任何時刻我們都可以當個修行者。反射影像出現時，可以修行，沒有反射影像出現時，依舊可以修行。在我們心中，也存在著如鏡子一般的無限潛能——你就是一面鏡子。

請像個老人看著正在玩耍的小孩般注視著自己的念頭。雖然孩子全神貫注，投入在自己的遊戲世界中，但老人並不當一回事。他擁有智慧，明白孩子的遊戲不切實際，不過是念頭的一場遊戲。念頭來來去去，你我只要有這種認知，並安住在持續的正念中即可。

## 手指向內

將手指指向別人很容易，指向自己卻深具挑戰性，勇氣和決心是必要條件。能夠手指著自己，揭穿自己的短處，你才是一個實實在在的人。

在別人身上發現缺點時，往往那個缺點也在我們身上；在別人身上看見優點時，通常就是自己美德的反射。當我們擁有清淨、圓滿的本來自性，心中所映照出的世界就是如此；若看見不圓滿，則意味我們的視覺被障蔽，正如天上有烏雲飄過時，太陽被烏雲遮蔽而不為所見，但其實太陽依舊在原地明亮地閃耀著。

最好的辦法，就是專注於自己的缺點。當我們譴責別人的缺點時，不妨想一想：「這一定是我的錯。因為評判別人，導致自己受苦。我不喜歡的就抗拒，我喜歡的才接受，結果只是讓自己陷入排斥與接納的無盡循環中。」

總是要確定手指向內：當我們批評別人時，其實得不到任何教訓，唯有仔細檢視自己時，才能學到更多東西；不急於批評別人時，我們就更有包容心，也能過著更愉快的生活。

批評或找別人毛病，其實就是在膨脹「自我」。自我並非一顆壓在心頭上，需要用力搬移的石頭；事實上，「自我」從未有實體的存在。「自我」是世上最脆弱、最容易受傷的，這也就是為什麼「自我」總是感到如此惴惴不安。我們應當了解「自我」的弱點，相信自己就算失去自我，也能好好地活著。

但「自我」在另一方面卻是非常狡猾，捏造各種固定的看法。比方說，你是否曾覺得被朋友背叛？當你審視「我被背叛」這個想法時，「我」其實扮演主要角色，是「我」創造「朋友」這個概念，定義誰是「我」的朋友，並執著於這樣的概念；你覺得自己和朋友比和別人更親近，偏見由此而生，而這種偏見是你自己創造出來的。

我們能夠運用智慧來辨別自己是否被「自我」欺騙。聰明與智慧有別，聰明的人見樹不見林，鑽營於小事；反之，有智慧的人既見樹又見林，能夠看清事物全貌。智慧能幫助我們覺察自己正在固化「朋友」這個概念。唯有手指向內，才有可能建立真正的友誼。友誼的建立不應僅止於滿足自己的需要和期望，而是應該建立在這種清晰明辨的洞察力上。

我的一位律師弟子告訴我，他的職業並不高尚，這使得他無法成為一位好的佛教徒。我不同意他的話。我告訴他，律師當然可以成為優秀的心靈修行者。對律師來說，若有被吸引去從事不道德勾當的可能，反倒是個可以檢驗自己作為、改善性格的好機會。同樣地，倘若我們不挑戰自己，像運動員般訓練自己跑得更快、跳得更高，就永遠不可能變得更堅強。有缺點並不是問題，相信自己毫無缺點才是大問題。

有位出家人和其他八百個僧眾住在一座寺廟裡，他不但行事真誠、力行苦修，而且學識淵博，擁有過人的理解力。佛陀的教法直入他的心中，讓他心生慈悲、善良與謙卑。他總是坐在最後一排，不在乎自己是否能坐上位，或是成為領袖；用膳時，也只取少量剩菜剩飯來吃。有一天，一位功德主帶著幾桶優酪乳來到寺廟供養僧眾。功德主從第一排的僧眾開始，將優酪乳盛滿每一只缽。平時特別喜愛喝優酪乳的這位僧人擔心起來。他心想：「功德主給每人這麼多優酪乳，輪到我這一排時，優酪乳說不定就發完了。」等發到最後一排時，僧人瞥見桶子裡還剩下很多優酪乳。正當功德主準備把優酪乳盛進他的缽時，他立刻將缽倒放。功德主驚訝地問：「怎麼了嗎？」僧人回答：「這個貪心的出家人在你供養前排僧眾時，就已經喝過優酪乳，他不配再喝更多了。」

若不願將手指向內，就算隱居在山洞裡，只以少量食物和水維生，禪修和苦行多年，也不代表什麼。若不承認並改正自己的缺點，又該如何馴服「自我」呢？

## 累積功德與智慧

在佛教傳承中，累積功德與智慧就是淨化惡業，並除去蒙蔽內心本初清明的心理濃霧。因此我們修習所謂的「六度波羅蜜」：「布施」、「持戒」、「忍辱」、「精進」、「禪定」和「智慧」。當我們修習前五個波羅蜜時，功德便得以累積，而第六度波羅蜜是讓我們認知並安住於心的清淨性中，以此實現本初智慧。

當我們修行第一度波羅蜜「布施」時，功德的累積來自供養上師、供養教法，以及供養所有走在心靈之路上的修行者。布施的功德也來自幫助貧者、病者和殘者，提供他們食物、衣物、保護和遮風蔽雨之住所。我們能夠藉由這些善行積聚功德，不過我們不應假裝慷慨，而是真誠關心別人所面臨的困境，並做部分自我犧牲。缺乏真正關懷的精神，甚深的布施修持很容易就變成沒有意義的表面工夫。

智慧能讓布施、持戒、忍辱、精進和禪定更加圓滿。打個比方，修行布施之人能夠體驗內心富足，只不過在布施的所有表現中，沒有什麼是實質存在，可以緊抓、執著的。真正的布施之行是「空」的，施與受者並不存在。由此而知，智慧就是領悟萬物的「空性」。

即使了解究竟的空性，我們也不應放棄藉由布施、持戒、忍辱、精進和禪定等相對之行來累積功德。雖然我們了解，究竟的本質裡並無任何功德可積聚，但在相對的世界中，每一件事都是彼此相互依存。直到完全覺悟之前，我們無法持續停留在絕對的本性中；生活在相對世界的同時，我們仍然可以保持對萬物究竟本性的知見。

蓮花生大士是將大圓滿傳承帶進西藏的偉大上師。他曾說：「即使見地如天空一般高，對於合宜之舉的遵循也應該如麵粉般細緻。」換句話說，當我們了悟空性的知見——亦即所有事物的究竟本性時——所有作為都必須小心謹慎。我們要謹記無可逃避的業報法則，敏銳地覺察自己的行為如何影響他人。依照如此成熟、圓融、優雅的方法，才符合萬物相互依存的事實。

## 眾生共享的儲蓄帳戶

應用佛陀教法、精勤修行，會產生我們稱為「功德」的正面能量。具德之行能積累大量功德，幫助我們的心靈成長。但是，我們不應緊抓著透過修行所積累的功德，也不應將之存放在私人戶頭裡，僅供自己取用。任何因修持所得之利益，應該讓大眾很容易取得。將自己的功德放在眾生共享的慈善帳戶裡，在佛教的傳統當中我們稱之為「回向」的修行。

我們並非以傲慢或自利之心來積累自己的心靈成就；我們要練習真正的布施，為了利益眾生而回向功德，並因深受啟發而更往前進；我們能為了利益和支持他人，不斷供養自己所有的清晰、洞見與智慧。

適切地回向功德，功德將永不消失；若不回向功德，它終將消耗殆盡。倘若我們屈服於忿怒，積累的功德會在瞬間消失無蹤，速度快得就像一滴水在熱爐灶上蒸發一樣；為成就眾生福祉而回向功德，則像將一滴水匯入大海，永不枯竭。

只要我們把積累的功德明智地投資在眾生身上，眾生自然會分享自己在修行路上得到的一切利益，直到所有人都達到覺悟。如果不為利益眾生而回向功德，我們很容易就會執著於自己在修行之路上所獲致的任何成就，執著於自己擁有的小小太平世界和滿足。光是獨樂是不夠的，在西藏傳統裡，我們常說：「若想要享用可口美味的一餐，分享你的食物就對了。」

回向功德時，毋須志得意滿、執著於自己的德行，畢竟沒有任何有形、實質存在的東西可以讓我們緊握在手，只要自由、愉快地回向功德即可。如此，我們將不會保護、餵養「自我」，因為我們已經無私地把所有一切布施給眾生。請如此為自己的回向封印：安住在空性的究竟境界中，祛除一切執著。這種空性的本然狀態就是「如意寶」，一座擁有無限量為眾祝福的倉廩。

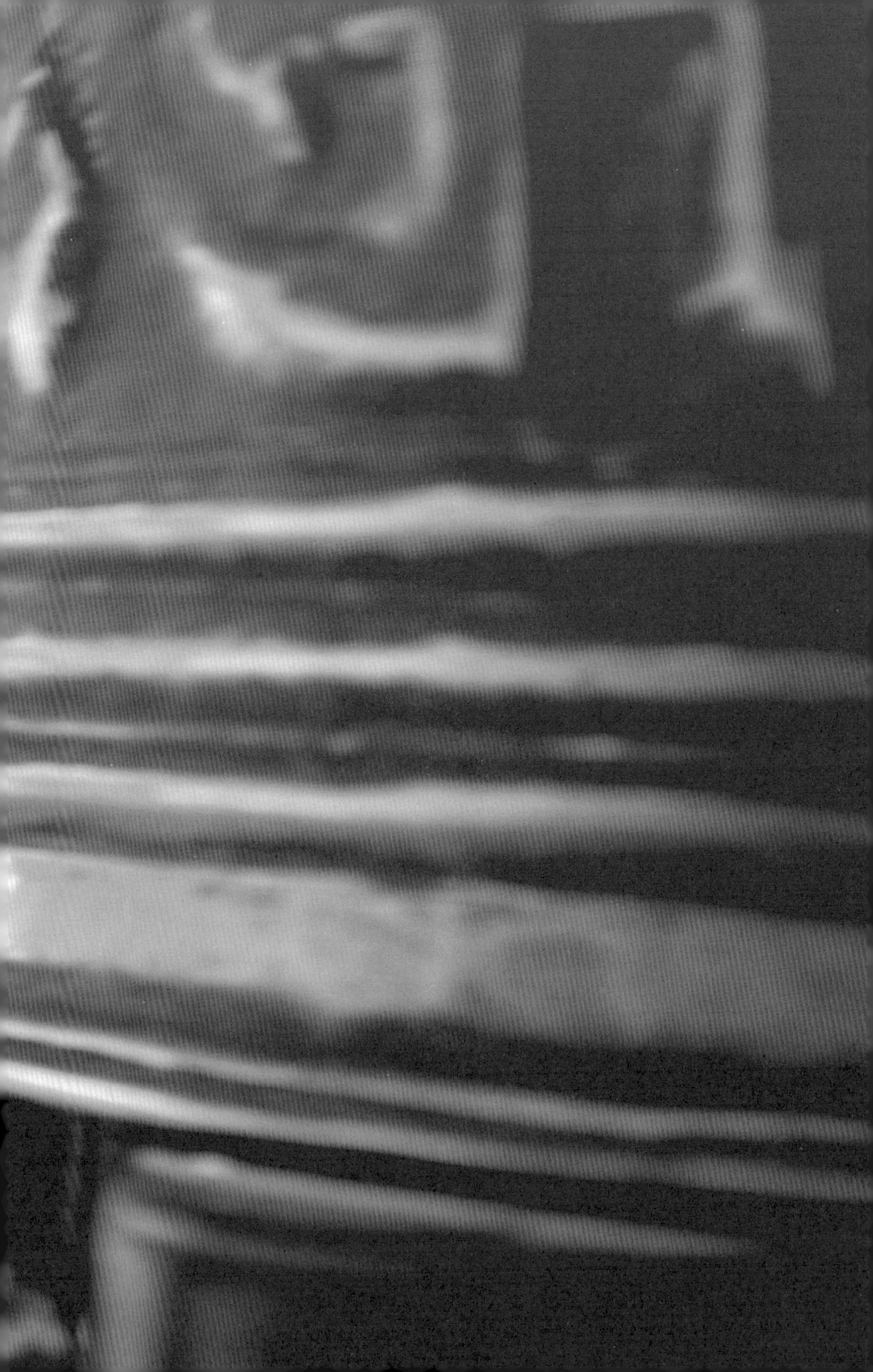

第十二章

# 慈悲之心

## 四無量心

在佛教傳承中，我們練習培養「四無量心」：「捨——平等心」、「慈——慈愛心」、「悲——大悲心」和「喜——隨喜心」。這四種特質之所以無量，因為它們直指無數的眾生；眾生之苦無窮無盡，因此藉由禪修培養這些特質而生的利益無法度量。

## ▼捨——平等心

當我們深思「四無量心」時，以「捨無量心」做為起始最有助益。倘若我們無法平等地看待別人，剩下的慈、悲、喜三種特質將會缺乏強力的基礎而且無法完整。

我們一生中會遇見許多不同類型的人，卻很容易以有色眼光或個人偏見來看待他們。我們只喜愛對自己友善或利己之人，至於曾經冷漠對待或傷害過我們的人，通常無法仁慈以待。我們會幫忙喜歡的人，傷害不喜歡的人。藉由「捨無量心」的修行，我們開始無私地看待一切眾生，開拓自己的視野，並平等地關懷每一個人。

藏語裡，平等叫「tang nyom」（音似「唐鈕」）。「tang」意指放下執著與偏見，「nyom」則是平等對待。「tang nyom」意指「公平對待一切」。我們能否不偏不倚地看待一切眾生？舉凡活著的生命都會呼吸，也就是說朋友的呼吸與敵人的呼吸並無不同。只要能好好思量這個簡單卻深刻的真理，我們就會尊敬所有的人。你我表面上看起來很不一樣，實際上卻擁有相同的深切渴望，而且彼此的生命本質更無差別。只要知道自己的本來自性與他人的無二無別，就不會有陌生人；每一個我們所遇見的人都是朋友。

就像每個人都會呼吸般，你我都擁有本有智慧。朋友並不會比敵人更有智慧，明白這一點，你還會只接受自己的朋友而拒絕敵人嗎？若真如此，那表示你只接受了一半的自己。我們必須平等地對待一切眾生，才能成為一個完整的人。

在完美的圓裡，我們既找不到缺陷，也無法在無瑕的表面上發現汙點；同理，我們再怎麼努力，也無法在仁厚與慈悲心中找到偏見的蹤跡。眾生皆有智慧，因此一切端看自己怎麼做。告訴自己：我一定做得到！我可以將教法落實在生活中，可以在這條路上走下去。從釋迦牟尼佛的時代至今，這些教法已經流傳長達兩千六百年之久。只要運用智慧，將自己從偏見中解脫出來，你我就能體現慈愛與大悲的深刻特質。

悉達多太子離開安居的皇宮，決定利益一切眾生。一個被誓言約束，理應統治、守護整個王國的太子，如何進而關懷全世界？這都是因為他想要探尋生命中更偉大的目標。他最偉大的抱負與堅定的承諾，就是幫助眾生脫離苦難，引導他們獲得圓滿的喜樂；他以智慧的光明，平等看待眾生。因為佛陀的領悟與覺悟經驗，使我們今天仍能享受他所留下的寶貴成就。他的故事對我們有所啟發，進而了悟並與眾生分享這神聖的智慧。

佛陀並非為了一己之私而努力證悟，他的所為是無私的。只要無私，我們就是佛；我們能夠信任本有之善，過著歡樂的生活，並關愛、理解他人。

## ▼慈——慈愛心

一切事物的本質皆為相互依賴，而眾生也彼此緊密聯結。在生命的旅程中，我們受到一切眾生直接或間接的支持。因此，所有人都理應得到我們的仁慈心，需要我們的關愛。我們也應關懷眾生，就像母親關心孩子般，而這就是四無量心中的「慈無量心」。

我們都在這個世界裡徘徊，被生活的壓力與勞苦折磨，努力找尋快樂之道，卻因為心靈不成熟與頑固的困惑，而像孩子般無助，需要母親的愛與引導。母親出自本能地關愛、保護她的孩子，明白他們既脆弱，且無法照顧自己。無論孩子表現得多糟，母親總是保持耐心，唯一的企盼就是孩子能過得快樂幸福。當我們以母親愛她唯一孩子般的精神來養育、關愛他人時，就會感到在自己血液裡流淌的無他——唯愛而已。

有了廣泛的理解和公正平等的見地，你就不會太依戀朋友，或是將敵人拒之門外。真誠地關心別人是否快樂，愛就不會被自私的執著所汙染，也不會變成痛苦的根源。平凡的愛被占有慾所染汙，最終皆導致痛苦。這種偏頗的愛遲早會凋謝，徒留失落與孤獨。

培養「慈無量心」的第一步，就是先要學習如何愛自己。告訴自己，自己值得被愛、被關懷。如果我們無法愛自己，要怎麼愛別人？不先照顧自己，等於缺少最關鍵的要素，如此將很難和別人建立關係。首先，透過滋養本有自性來重新建立和自己的聯繫，之後藉由真心關懷別人，重燃生命熱情。愛就是治療一切惡及傷害最好的良藥，請先愛自己，然後愛一切眾生。

## ▼悲——大悲心

也許有人會問，慈愛和大悲有何差別？剛剛我用一位母親對孩子的關愛來描述無量愛的特質。至於「悲無量心」，我們可以用屠夫的比喻進一步闡釋。

當你看到屠夫磨刀霍霍，準備宰殺一隻羊時，心裡有何感覺？是否會為了這隻無辜的動物即將承受的苦難，感到一種無法承受的哀傷？「悲無量心」就是對別人的痛苦與折磨有椎心之痛的感同身受。

我們可以這麼比喻：屠夫無所不在，他就站在我們人生路途的每個角落；他正在宰殺我們，放盡自由與歡愉的鮮血，奪取寶貴的光陰使我們受苦。這個屠夫就是我們的煩惱。每個人都因為慾望、忿怒、妒嫉、貪婪和驕傲等苦惱而受苦，這些隱伏的情緒竊取我們內心的平和，無人能倖免。

你我都渴望在生命中獲得寧靜和歡愉，那麼，該如何幫助別人減緩內心悲痛，從屠夫致命的刀下完好地走出來？只要清楚、深刻了解人如何受苦，就能心生真正的悲心。我們要有一顆敏感的心，覺察眾生的痛苦與挫折，世界上沒有誰不該得到我們的大悲心。

### ▼喜——隨喜心

如何修習「喜無量心」？不妨從提醒自己「所有人都渴望快樂生活、遠離苦難」開始。想像自己的鄰居住在一幢比自宅更大、更奢華的別墅裡，許多令人興奮之事正發生著：別墅此刻正在舉辦宴會，來了一群高雅的賓客。與其妒嫉、憎恨鄰居，倒不如告訴自己：「我的鄰居擁有一幢華麗的別墅和成功的人生。希望他能享受更多的快樂！願他將來能更滿足並更成功！」這就是隨喜——能為別人的快樂感到喜悅。心懷隨喜的雅量，我們就能看見生命的美麗。

妒嫉是隨喜的反面。當我們垂涎或厭惡別人所擁有的一切時，就會心生憎惡，從而破壞自己獲得快樂的機會。應時時留心妒意，並以隨喜來淨化這樣的惡念惡行。

我們有數不清的機會，能藉著隨喜別人的成功、快樂和好運讓自己快樂；唯有隨喜別人的快樂，才會讓自己快樂。在他人的快樂中找到喜樂，喜悅才會獲得無以量計的增長。

## ▼如何禪修四無量心

在佛教傳承中，有許多不同的禪修方式。其中一種方式，就是藉由關注呼吸，進而平息擾人染汙的念頭。另一種方式，則是用引導式的冥想，觀修慈愛、大悲、隨喜與平等無量心。這兩種方式都可以在正式修行或日常生活中隨時練習。

審慎思考四無量心，直到你的心充滿對一切眾生持續不斷的慈愛與大悲。首先，平等看待所有人：所有人和你我一樣都渴望快樂，不希望受苦。以此強化理解，發願希望眾生都能和自己想要快樂般一樣快樂；發願保護他們遠離、避免一切自己希望避免的苦痛。最後，絕對不向惡意或妒嫉的念頭低頭，要為別人的成功與快樂感到喜悅。

這種開闊寬大的見地並非遙不可及的成就，因此不要感到灰心。即使只有非常短暫的時間反思四無量心，也能夠在心裡落下善的印記，逐漸改變心理態度，並對別人造成正面影響。在佛教修行中，我們並非只在數天、數月或數年的時間內培養修持這四無量心就好；我們要花一生一世的時間來修持。換言之，我們的一生就是修行。

在一天之中，思維慈愛、大悲、隨喜，以及平等，並抱著四無量心入眠。這些崇高的特質將在不間斷的溪流中持續流動，而你也會因此體驗到一些真正有意義的事物。初聽到這些教法時，你也許會覺得興奮並受到啟發，但實際上僅僅是驚鴻一瞥，淺嚐深奧之物罷了。我們要帶著這樣的啟發向前，繼續反思；當四無量心在心中開展時，我們就能觸碰到自己人性的內在核心，也就是我們的本質。只要善加運用自己的時間，絕對有可能實現自己真正的潛力。

## 一顆純潔的心

永遠記得要仁慈待人，不允許自己對別人抱持負面看法；即使面對傷害自己的人，我們也應抱持一顆仁慈的心。請記得，他們的所作所為來自無明，而你我應像醫生明瞭病因般，理解他們生命中的苦難和困惑。我們應當關心、提振他們的人生，將他們從痛苦中解脫出來，而非採取侵略或對立的態度。

佛陀教導我們，被弓箭襲擊時以花朵回敬——花朵代表慈悲之美。遭遇惡劣或傷人的舉止時，我們毋須以牙還牙；眾生皆有佛性，理應得到仁慈的對待。對這樣的理解保持信心，我們就是慈悲佛陀的真正追隨者。

倘若我們用最崇高的敬意對待自己，就算再有所圖的「自我」也會在覺醒的本性前屈服，狡猾而虛假的「自我」也不會有機會將你騙入歧途。只要運用本然的智慧，我們就能自動放棄自私的手段，如此一來，有企圖的「自我」也就不會那麼難以對付。

心懷慈悲，生命中的每一天都會充滿喜樂，言語與肢體表情也會散發出內心之喜。有了同理心的關懷，就能體驗完整的關係，不再覺得自己比別人更好或別人比自己強。我們會擁抱一切眾生，並在心中為他們留一塊安適之地；不再樹敵或強凌別人，整個人變得柔軟靈活，永恆之美如同壁爐裡的溫暖爐火般，從內在發光發熱。

愈了解自己，就愈不會自欺；愈關心別人，就愈不會感到困惑。不妨評估自己的禪修進展：你已經能擁抱別人，還是持續躲藏、封閉自我、心胸狹窄？心胸愈開放，你就覺得愈輕鬆。

當你發現家裡有大象時，就毋須外出尋找，更不用到叢林裡去探尋牠的足跡。大象代表擁有慈悲見地的從容自尊，大象就是你純潔的心，生命本來即有之。我們毋須出外找尋這顆純潔之心，因為它自無始以來就長住在心中，深奧而自發的智慧就是慈悲心的表現。

## ・・・慈悲心生

慈悲心不受因緣條件束縛，因此得以自我解脫；想要索求慈悲心的所有權，等於是阻礙了自我解脫。問題出在我們試圖緊握、持有某些東西，但事實上很少人能在表象世界的形體、音聲以及結構中感受到燦爛的美麗；反之，我們將一切分割歸類，讓自己住在概念化、「一維」的世界中。倘若無法體驗不受因緣條件約束之慈悲心所化現出的圓滿，我們就無法活出圓滿。

也許你會遇見偉大的心靈導師，得以深思深刻的教法，但若無法心生慈悲，你終將永遠無法體驗究竟的滿足感——我們需要生起讓自己從偏見與論斷中解脫出來的見地。就像牧人帶領羊群來到更青翠的草原，心靈導師能幫助我們點燃對於慈悲的理解，並教導我們如何照顧自己的心。在某種意義上，這顆心不在我們身上，但也不在身外；這顆心無所不在，也無所不是。因此，請隨時停下腳步，檢視自己：「我能以同樣純淨的慈悲特質，平等照顧自己和一切眾生嗎？我已心生慈悲了嗎？」

## 慈悲心的奧義

在修行之路上，當我們心生慈悲時，自私的想法就失去生根茁壯之地；開放、寬闊的本來自性也因蒙蔽的減少而顯露出來。在佛教傳承中，慈悲的精髓有著深遠的意義：透過心生慈悲，我們將展露無我、不受條件制約的生命本性。我距生日剩十天.
台東.
07102013
于知本老爺.

們也稱這樣的本性為「空性」或是梵文的「shunyata」（音似「熏雅達」），此處意指心與實相的究竟本性，不受所有相對條件的束縛。

當我們深思、冥想時，會逐漸發現與慈悲心一體的無條件狀態，這是最上乘、最精髓的修行。光此修行，我們就能達到解脫；少了它，我們不太可能獲致任何有意義或長久的成就。我們也許會練習不同型式的禪修、瑜伽和宗教儀軌，但若無法生起慈悲心——也就是超越一切條件的界限或限制之心——我們就無法獲致究竟之果。

一切眾生都值得我們慈悲以待。你我都希望自己能過得更快樂，能從苦難中解脫，能活得圓滿，一切眾生亦復如是。你是否對別人感到慈悲？是否關心他人，甚至關心那些不喜歡你，想傷害你的人？對他人擁有愈多慈悲，就愈快樂，生活所需也愈少，因為生命將變得非常富足、圓滿。

自私是苦難的因，唯有無私的生活才能帶來快樂滿足的人生。當我們真心關懷別人時，內心永遠不會感到負擔。這並不代表我們總是要面帶微笑，真正的微笑蘊藏在內心，一旦了解世間萬物並非如此堅固、真實，我們就會笑在心裡。無論內心有何意念，它們都沒有自我存在的力量；唯有慈悲的力量不受任何阻礙。

生起那股安住在你我心中的慈悲能量吧，這股慈悲之心有一天終得圓滿，如同水果成熟時，汩流出甜美汁液。即使有些人尚未完全得到啟發，我們也該試著在他們身上發現這股潛力，如此我們將永遠尊敬別人而不詆毀他們。惡業一旦得到淨化，遮蔽內在光輝的薄紗就會逐漸褪去；對世界的衷心關懷，會讓我們從內心發出如月光般令人寬心的光芒。

## 療癒自己、療癒別人

無法享受無條件的自由時，我們會向外尋找，在不知情的狀態下成為破壞性情緒的受害者。我們試圖滿足自己所有期待和慾望，即使到達自己認定的「目的地」，卻仍舊找不到任何恆常的滿足。於是我們繼續感到不滿足、渴望得到更多。該如何著手自我療癒？我們在追求快樂與成功的奮鬥中，不斷遭遇痛苦與失望，而真正的療癒便是從痛苦與失望中回復過來的那一刻開始。當我們安住在心的自然狀態，並體會到一種不受條件限制的整體感時，健康便得以恢復。在無條件的本性開放的空間裡，我們感到自我滿足，並且能用友善和尊重的方式與別人溝通。

取決於因緣條件所獲致的快樂，不僅短暫且時常改變。仔細回想，我們得到的世俗成就和親友的支持是否牢靠、穩固？我們是否能依賴有條件的歡樂來獲致恆久的滿足？美食、娛樂和親情、友情似乎耗損了我們不少元氣，是否能停下腳步，往自己內心一探究竟？只要深思，或許就能找到一種更美麗的生活方式，與更健康的方法一同分享生命。

在我看來，「人能享有自由，且毋須依靠外在因緣條件就能獲得快樂」的說法絕對合理可能，因為我們的真正本質就是自由、不受條件制約。從生命的無條件之地所升起的一切，都是真實自我的化現，無法認清這樣的光芒，我們就會迷失在黑暗中。一旦我們發現這光明性，黑暗即刻消失，我們也就明白何謂真正的內在富裕，何謂真正的獨立。

心靈健康與否，取決於我們擁抱當下的能力。為了得到療癒，我們必須明白，無論情勢是光明或凶險，沒有什麼比當下更珍貴。當我們感知當下的富足，並敏銳地覺察到下一刻或許不會存在時，就會在這個世界裡投注熱情。在一生中大部分的時間裡，我們的能量被念頭、情緒所造成的激盪所消耗，因而錯失迷人與神奇的一切；一旦滌淨心中一切惡，就會發現世界本來就如此圓滿。

正如被霧氣覆蓋的鏡子，無法映照出璀璨的世界，我們的心創造了我們的世界，需要淨化的是心，因為一切都是心的反射。要如何認知這個世界，是我們的決定，也是我們的所作所為，更是我們的責任。

大多數情況下，人的心依靠並執著於無時不刻在改變的因緣條件，這麼做導致持續的焦慮與憂煩。只要了解你我面臨的共同困境，就能對一切眾生升起敏感心與關懷，進而如是接受、擁抱別人。當我們花愈少的力氣來嘗試控制無法確定或不斷改變的事物時，愈有機會逐時逐刻地獲得療癒。

## 菩薩行

菩薩是慈悲心的究竟體現。菩薩（「Bodhisattva」，音為「菩提薩埵」）是個梵文字，藏文為「chang chub sempa」（音似「蔣秋森巴」）。「chang」意指「完全地訓練」或「直觀」；「chub」意指「冠軍」或「專家」；「sempa」意指「勇者」。所以在藏文中，菩薩指的是一個「有勇氣、經歷完整訓練，並善於運用直覺的人」。那麼，菩薩到底精通什麼？菩薩的直觀理解力又是指什麼？簡單來說，就是本然智慧和慈悲心的體現，以及覺醒的化現。

菩薩行相當深奧，我們可以說菩薩就是一個充滿仁慈與關懷的人，以無私之心行事。然而菩薩的意義更遠深於此，因為菩薩能夠自然、直觀地展現自己的高貴特質，從不需要別人認可他們的善行，也從不求回報。菩薩平等照亮一切眾生，毫不刻意，一如璀璨的太陽。

菩薩照護一切眾生永不倦怠，不但化現出覺醒的無邊能量，也勇於面對、解決一切境況；菩薩願意糾正自己的缺失，加強自己的弱點；菩薩毫不遲疑地參與眾生之事，不因任何挑戰而畏縮；菩薩誓願為一切眾生敞開心胸與心智，無論在何種情況下，都能接受眾生的一切念頭與情緒；菩薩願意毫無偏見與批評地如是接受一切眾生。菩薩從不試圖愚弄、欺騙別人，認為每個當下都充滿可能性和完美機會。

我們可以為了配偶、孩子、鄰居和朋友，修煉成為一個真正的菩薩，也應隨機應變，因應眾生各種各樣的需求和難題。如此你將發現，保持靈活且有所反應是一件無比美好之事。不以外表或行為來妄加評斷，願意與一切眾生的本質結緣，真正觸碰到他人的內在核心，就是菩薩行。

菩薩喝一杯水，是為了一切眾生而喝；菩薩從口渴中解脫，內心希望的是滿足一切眾生的口渴；菩薩穿新衣時會感到喜悅，因為他是為了眾生的愉悅而穿著得體、有品味；菩薩絕不會犯下任何傷害別人或自私之行。換言之，菩薩所做的一切，都考慮到他人。

倘若想發願成為一位菩薩，我們必須要立下誓願不傷害任何人，連自己的敵人也不例外；立下誓願服務一切眾生，包括自己的敵人。無論我們的背景或是宗教信仰為何，發願成為菩薩是讓心靈成長、茁壯的最佳方式；能立下這樣的誓願，等於擁抱自己的真正本質。我深信：沒有一件事，能比利益眾生讓我們更快樂，也沒有一件事，比傷害別人更傷害自己。立下誓願讓自己活得更有意義，我們就永遠不會放棄人性。我們應該對成為菩薩感到自在，因為用明視、慈悲、開放的心看世界，是最美麗的事。

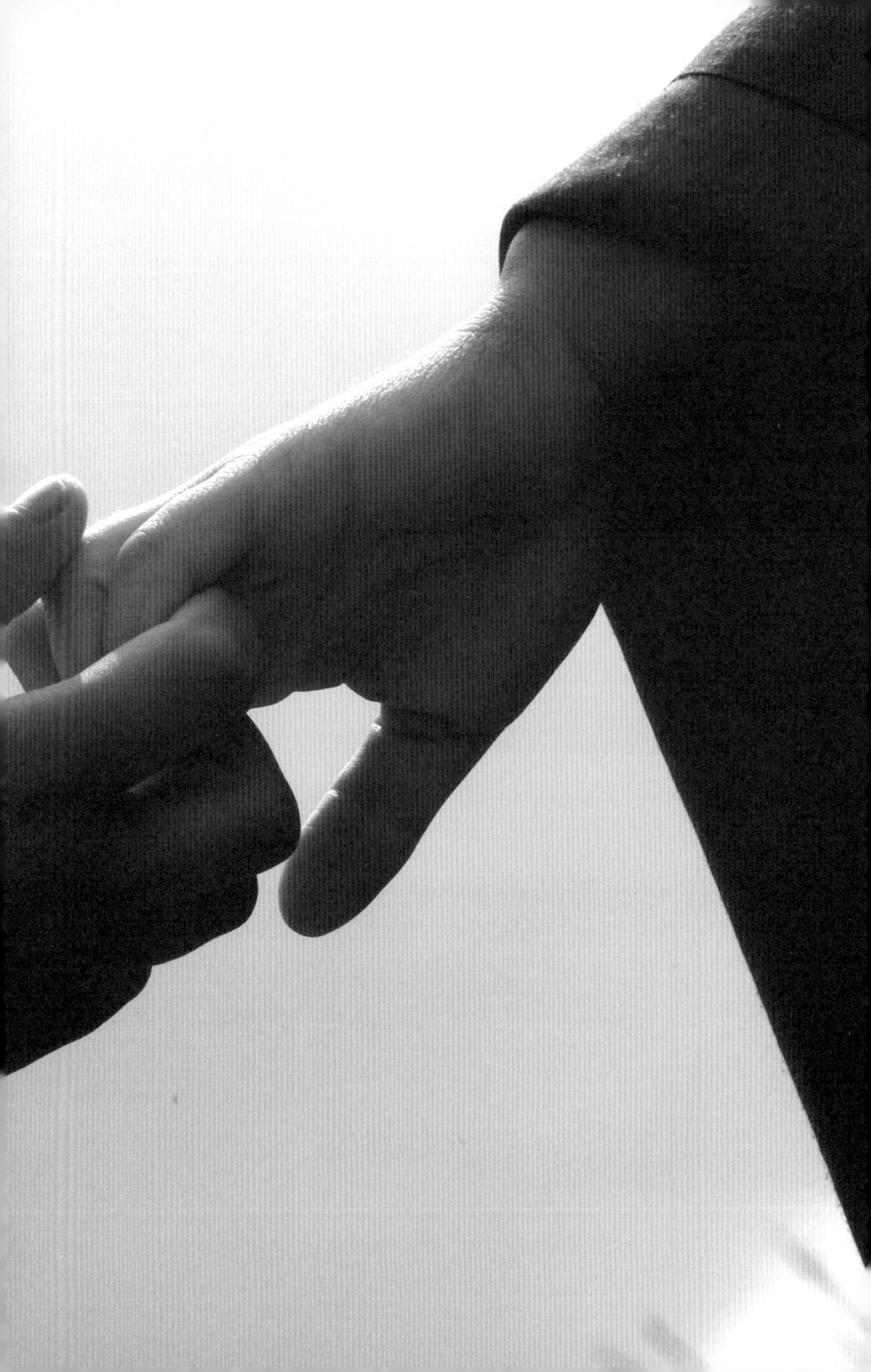

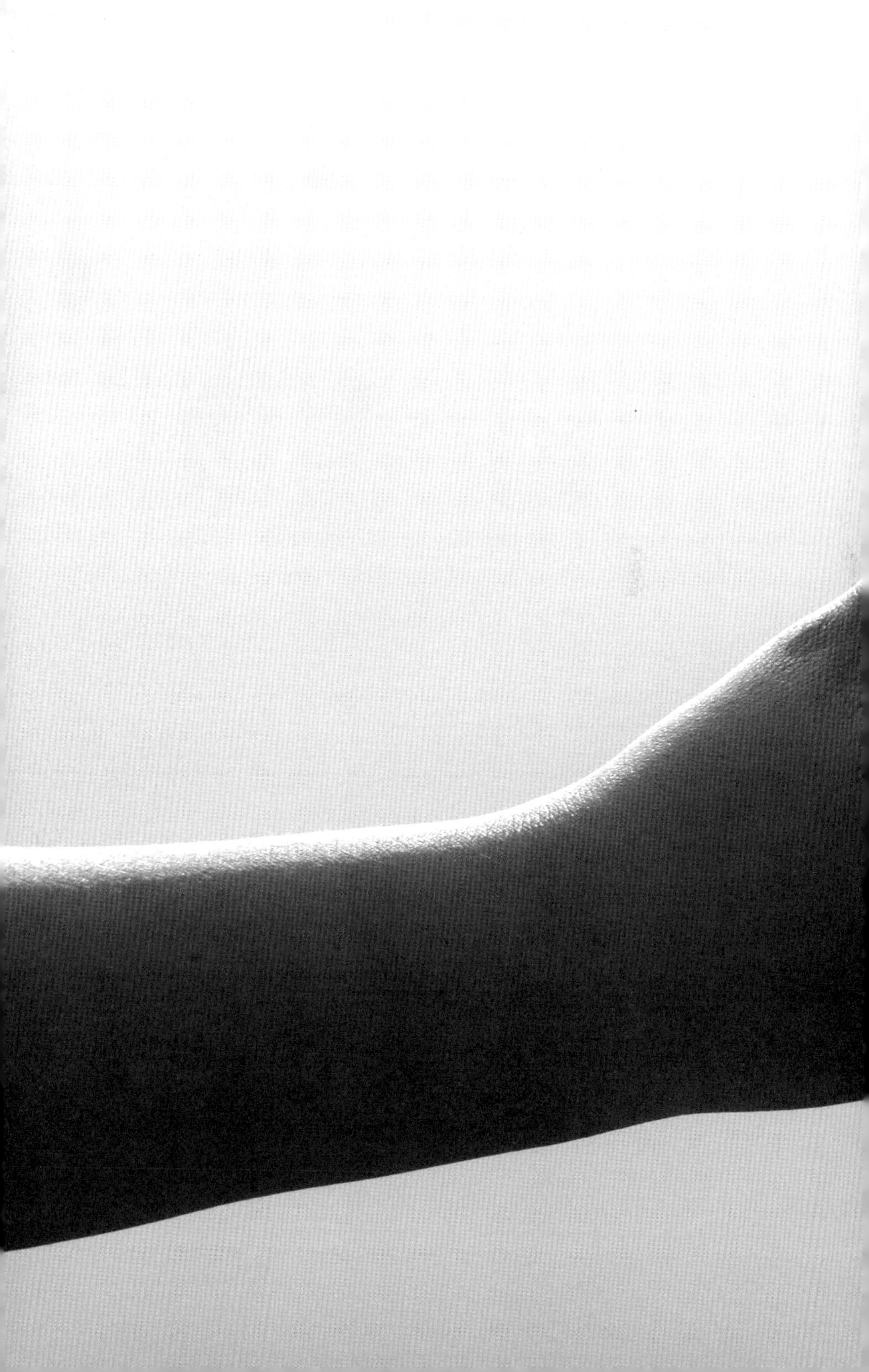

第十三章

# 心的本質

## 隱藏的珍寶

佛陀曾說：「當你幫助別人時，就是為我服務；當你傷害別人時，會讓我悲傷。」佛陀以此敏銳的洞察力，了解人的苦因，以及人如何因為矛盾情緒及業力而承受巨大苦難。因此他教導弟子，要以慈悲心對待眾生，因為你我都會受到有此身、心與情緒造成的苦難與折磨。

佛教特別強調苦難的真理（「苦諦」）以及其原因（「苦因」）。然而佛陀也教導我們：只要我們追隨正確的道路，可以了結苦難；只看見痛苦，實際上等於只看見一半真相。我們要了解「本來自性」不但恆久清淨，且不受因緣條件約束，更脫離造成許多不幸的苦因。要知道，直到覺醒之前，我們都會經歷痛苦。這個真理讓我們對眾生所經歷的煎熬更加敏感；這被強化的覺知將減低我們傷害別人的傾向。只要追隨一條可以逐漸淨化遮蔽自我本性業障之路，我們對他人的慈悲也將增長。

曾經有個痛苦萬分的窮人，衣衫襤褸地站在大街上乞討。有一天，一個陌生人出現在他面前，告訴他在他的破茅屋底下埋著一個巨大珠寶。陌生人還說，窮人的父母其實是大財主，這個珠寶是他那富有的父母親手埋起來的。窮人聽完大吃一驚，卻不相信陌生人所言。好不容易，陌生人說服窮人回家挖寶，果真挖出一顆珍貴、閃耀的鑽石。

苦因在心的清淨本質中毫無立錐之地，這種清淨的本質就是屬於我們的寶藏。當我們發現這些從來就屬於自己的寶藏時，就不再感到匱乏；對自己的真正本性產生信念，追隨一條消除一切障蔽，且值得努力的修行之路，我們將找回屬於自己的遺產，過著最富裕而有意義的生活，進而以關愛一切眾生之心，幫助他們挖掘出屬於自己的無價之寶。

## ·智慧之海·

我們都活在「自」「他」的假象中，兩者都是概念心的產物；我們的心用語言和概念，強化自他之分，並延續積習。

有一天，當你得知朋友罹患不治之症，便苦惱地想著：「天啊！我最親愛的朋友就要離世了！」只不過，心生「永遠的摯友」這種想法，事實上忽略了無常的事實，因而種下不可避免的離別痛苦種子。你是否能在每個當下愛著自己的朋友，卻不執著於「朋友」的概念中？和朋友相處時，倘若能仔細留意來來去去的念頭，就會發現心的運作模式。心的本質是否有實體存在？念頭真的存在嗎？

所有的感知、念頭和感受皆從因緣條件中升起，好似從大海深處湧出水面的泡沫，隨大氣和水流而定；所有的現象——包括念頭和情緒——都是能量起起伏伏的動態表現。我們無法抓住泡沫，握在手中；家庭、朋友和財產正如從智慧之海中升起的泡沫，不過是心的空性本質，也就是智慧之海的其中一種表現罷了。泡沫絕非快樂之源，智慧之海才是；因此，縱然泡沫破裂，我們的歡樂也不會消逝。泡沫實際上是一種不可思議的體現。唯有這番理解，我們才能像一條魚般在智慧之海裡優游。

我們毋須用負面的角度來看待生與死的不斷輪迴，反而應該在其中找到力量。害怕生死的人總試圖接受或拒絕自身經驗，卻不明白這經驗不過是浮出海面的泡沫。只要了解泡沫的本質，我們就能無畏懼地潛入大海，充分享受自由；就算有個看似存在、令人恐懼的泡沫出現，也不會被其表象所騙，而是任它順其自然地破碎消失；當泡沫紛紛爆裂時，它們會因正念而自然解脫；只要了悟氣泡的本質，就能從困惑的投射中完全解脫。

## 念頭的性質

請不斷凝視、觀看自己的心如何運作，以及念頭如何來去，並在日常生活中試著應用警覺心，掌握佛陀教法的精髓。念頭是永不止息的。請注意！莫和它們玩起遊戲，莫懼怕它們，莫從它們面前逃離；莫依戀它們，莫忽略它們，莫輕視它們，更莫認同它們。

我們應該理解念頭的性質，以及念頭究竟從何而來？他們是否真正存在於自身、是否實質存在，有無任何力量？念頭的性質究竟為何？請找出答案來。只要不執著於自己的念頭，它就無法控制你。念頭正如吹過樹梢的風般，並無實質存在，也沒有存在的根據。因此我們不應參與它們或抓緊它們。只要了解一切念頭像能量般升起，而這股能量正是心清晰本性的表現而已。

我們應辨認出此狀態，但不要執著於這般理解，認為自己已經搞懂一切，因為這樣的執著無非是一種傲慢。當我們實現本然自性時，那個自負的「我」將煙消雲散。

我們因為受到念頭與情緒制約，因而陷在兩者所織成的羅網中。我們總是心想：「我一定要為自己達到一番成就，我一定要為自己的幸福而努力。」一切都是「我、我、我」和「我的、我的、我的」，這就是我們的苦因。不妨問問自己：「我是誰，什麼東西屬於我？」想要活得圓滿，我們必須細心留意自己的所有念頭而不陷入其中。想一想那樣的自由：沒有一刻被「我」和「我的」所糾纏與束縛；每個當下都是最真實的一刻，化現出它純然的潛力。想像其潛在的可能性！想像那自然湧現的的能量！

## ・・・・像一條河

讓我們將心看清楚。念頭不斷出現，毫無阻礙地升起。追根究柢，一切念頭皆有鮮活、赤裸、直接的能量；念頭自發地升起，自然、純真地在心間流動，彷彿雲朵從天空飄過。只不過我們似乎總有無法克制的衝動，想要操縱自己的心理地圖。我們接受或拒絕念頭：執著於令自己歡愉的念頭，試圖壓抑令自己心神不寧的念頭；我們就像學藝不精的畫家，在曠世奇作上亂添筆觸，畫蛇添足。

有些心靈導師建議我們該放開念頭、凝視念頭，甚至阻止念頭。但重要的是，我們應該探究、質問：「是『誰』放開念頭？是『誰』在凝視？又是『誰』在阻止？」

溪流無時無刻不在流動、變化著，我們總認為它每天都一樣。事實上，它從來就不曾相同過，水流在每個瞬間重新變換組合，每一刻都是全新的狀態。我們用靜止狀態的詞彙為「河流」命名，但事實上河流並不像我們所認知般地絕對、真實存在。

河流不停流動，流動中持續不斷變化。但是河流並無分別心，從不執著於漂在水面上的美麗花朵；承載著死屍，也毫不退卻地向前流；河流從不選擇，也從不評斷。

真正本性的能量就像是一條河流。沿途的美麗景致並不會讓本性變得更好，醜陋的景象也無法染汙它。我們站在岸上觀看，會貪戀美麗的花朵，厭惡死屍；

而那個站在岸上，有著個人喜好與偏見的旁觀者，就是「自我」。無法認清自己的覺醒本性時，我們會感到不安、困惑，無法放鬆，正如衝浪者急於等待下一道浪。當大浪襲來，衝浪者感到興奮激昂，但衝過此浪之後，又失去耐心地等待下一道浪。如此的躁動不安並非源自一道道海浪，而是衝浪者的心。

念頭和感覺都是心的表現。心的開放、寬敞狀態既然脫離期望，也就沒有失望。「自我」則為希望以及恐懼所累，也為想要控制所有變數的偏執所累——這些就是我們痛苦的根源。

## 本初之鏡

在心之鏡中，一切都有鏡像。你在這面鏡子裡看到什麼？有奇妙的事，也有可怕的事；有快樂的事，也有悲傷的事；有美，也有醜。我建議大家，把自己看到的事，當成是純粹的鏡像反射，無好壞、美醜之別，就像平靜無波的湖面上，倒映著夜空中的滿天繁星般，一切皆在其位。張開眼睛，注視這面鏡子清楚映照的鏡像，欣賞在鏡子中映照出的一切。

這面鏡子擁有你真性的特質，有著你的良善；它是基本的理智，是恆常的智慧。這面鏡子擁有無限潛能，能夠映照一切。你應當好好欣賞鏡子中來來去去的鏡像，觀看它的整體；不單欣賞美好的鏡像，更是不帶任何評斷地欣賞一切。

當影像從明鏡般的本質中反射出來時，我們通常急著做出判斷，想要評估這個影像。我們不但未能先認清如鏡本質的清淨，反而對出現在其中的任何鏡像品頭論足、認同它，這是多麼不慈悲的舉止！評斷鏡像毫無正當性，這麼做也讓我們失去自由，真是何其不幸！

無論此心鏡中反射出何種鏡像，我們都能夠保持在平等狀態中，既不接受也不排斥。只不過多數人總是挑三揀四，卻不明白本質自身毫無接受或排斥可言，這麼做只是白費工夫，徒讓我們的本然自由慘遭剝奪。我們沒道理緊抓美麗的鏡像，或拒絕醜陋的。我們若能像鏡子般完全自由、不受因緣條件約束、不下任何評斷，會是多麼神奇的一件事！

請清楚地看著它，直接地看著它、赤裸地看著它。在心的本質中，任何事情都會發生也都會結束；這樣的本質如此純淨，但又有誰能體驗到一次這般清淨？又有誰能認出自己生命的精華本性？既然清楚這面鏡子的性質不變，沒有開始也沒有結束，又有誰能不珍惜這面鏡子？這不是很有趣嗎？明鏡從來不曾拒絕我們醜陋、忿怒的臉，它如此靈活，充滿彈性，一片真誠。請坐下來，與這面鏡子同在——在那裡，觀察者與被觀察者是無二無別的。

這面鏡子的本性是無畏的，會害怕的是「自我」；這面鏡子勇於面對一切挑戰，會逃走的是「自我」；這面鏡子品格高尚，傲慢自大的是「自我」；這面鏡子並不執著於其鏡像，除了執著還以為鏡像真實存在的是「自我」；這面鏡子並未不安煩燥，而且完美無瑕，被蒙蔽、約束的是「自我」。當我們無法安住於如明鏡般的本質中，當我們逃離、試圖將自己改變成另一個我時，錯覺便產生了。

我們應該對這面鏡子所映照出的一切感興趣：它如此靈活、充滿彈性，但卻從不動搖，它的美妙特質沒有任何文字或言語足以盛讚、表達或形容。這面鏡子不捨晝夜，每一分、每一秒都平和地發亮著。

當這個如明鏡般的本質不帶任何評判時，我們還能說自己的判斷是正確的嗎？是誰評斷你的強項與弱點？能夠不受評斷以及評分的恐懼所苦，可有多好！唯有當我們完全與本質同在，才有可能獲得自由。

為什麼我們明知道繞著圈子，急促奔忙並無法成就一切，卻依舊這麼做？唯有當我們與完全的成就同在，才會明白何謂全然的滿足與知足。明白心的清淨性，並安住其中，才是究竟的成就。知道這樣徹底的圓滿就在我們身邊，是多麼令人解脫而自在的一件事——原來，它始終隨侍在側，如此靠近，只是我們忽略了它的存在。既然如此，現在不就是了悟此真正本質的時候了嗎？

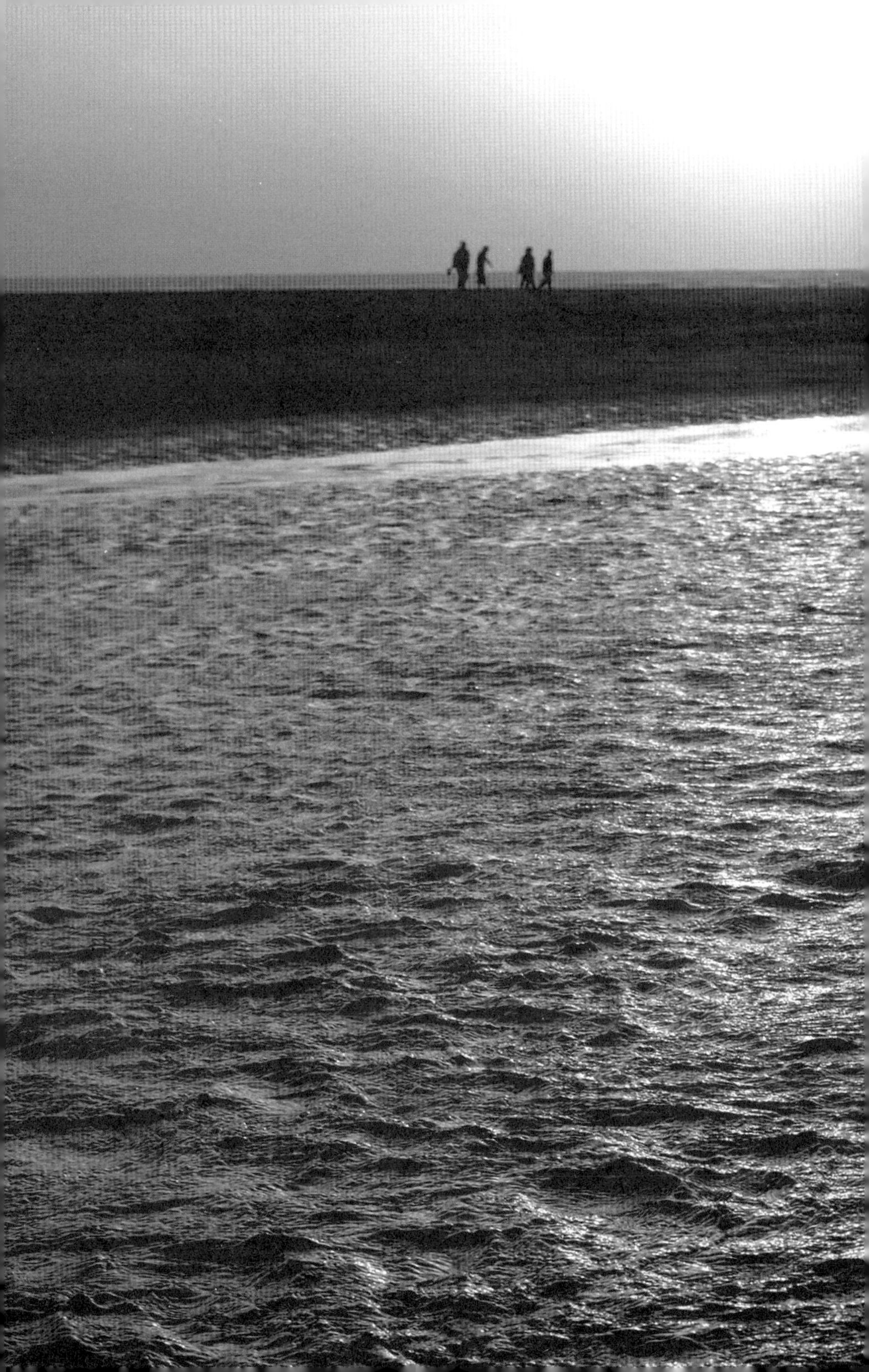

第十四章

# 上師的指引

## 傳承的加持

四歲時我就開始接觸佛法，記得小時候我玩的並非一般孩童喜愛的玩具，而是佛教法器。自那時，我開始研習並接受佛教金剛乘傳統的培訓。成年之後，我進入印度鹿野苑一所藏傳佛教研究中心深造，而鹿野苑正是佛陀首次傳法、初轉法輪之處。畢業後，我遇見了帶領我認識真正自性的根本上師。我視上師為佛，因為他的智慧與佛無二無別；然而，上師待我比佛陀還要仁慈，因為我們此生殊勝的因緣，他親自授予我深奧的教法、釐清我的疑慮，並指引我認識無條件的覺悟本質。

我不認為自己有任何了不起的智慧或是覺悟體驗可以分享，但是我覺得自己十分愉悅並且充滿自信。我帶著覺悟上師賜予的甘露加持，而上師也帶著他的上師賜予之加持，如此的傳承甚至可以回溯到佛陀本人。這些加持新鮮並充滿活力，給予我們力量，讓我們能夠領悟內在無條件的佛性。而我們能欣喜、能微笑，只因內在擁有佛性——亦即覺悟的潛能。慈悲巨大的力量唾手可得，感受一下你內心的這個潛能吧。在此傳承中，所有的上師都有這麼一個覺悟特質，並讓自己的生命浸染在對一切眾生的愛與關懷中。

## 追隨上師之必要

我們的本來自性超越一切因緣條件，不僅安詳而且完全寧靜，但若我們無法實踐本來自性，就會永遠被焦慮和苦惱所困。認真進行禪修，能幫助我們從焦躁與壓力中解脫；有了上師加持，禪修將指引我們找到可供休憩、保持輕鬆的不動之地。禪修的方法琳琅滿目，不同的人適用不同的修習之道。你應該追隨的上師，是能夠根據你的性格和生活方式，給予個別指導和適合的禪修方法。

佛陀教導我們，一切眾生皆擁有內在智慧。有的人或許因而認為，自己在心靈修行之路上可以單打獨鬥，毋須上師的指引。然而「自我」彷彿是個手法高明、狡猾無比的騙子，倘若沒有上師帶領之下逕自前行，我們可能徒然浪費寶貴時光，永遠無法了悟自己的本質。在覺醒之路上，導致我們誤入歧途的因素不勝枚舉，過分依賴「ＤＩＹ」的方法，就像是醫學院學生看著教科書來動腦部手術般，結果可能一塌糊塗。

找到一位真正的上師至關緊要，他必須是一個能引導你、幫助你站立起來的朋友。真正的上師歷經多年自我犧牲、學習、紀律等鍛鍊，已經降服「自我」、態度謙遜。他們從已覺悟的大師身上得到口傳心授，持有純淨傳承的力量和加持。真正的大師所體現的是普世的大慈大悲，且能依個人的需求與之相處。這些了不起的大師擁有豐富的智慧，不但是值得信賴的心靈導師，更是人生路上永遠可靠的嚮導。

假若你有幸找到一位真正的上師，請以友善且敬重的態度親近他。上師是否有施予教導和支持的意願，端看你對教法的真誠興趣，以及是否義無反顧地投身修行。找到與上師之間的共通點，在那裡相遇、建立默契——這個共通點就是「慈悲」，正是發願減輕一切苦難的溫暖仁慈之心。我便是以如此深刻的方式遇見自己的上師，使得我有力量馴服「自我」，並心生慈悲。在自己和上師的關係裡，保持這樣的觀點足資必要。

一旦感到自己與上師之間的和諧默契，每當想起上師的剎那間，所有混亂戛然而止，慈悲從心中生起；那時就可以確定你已經找到屬於自己的上師。獲得一位有能力的上師關懷和指引，在心靈成長之路上就能打下穩固根基，獲取真正的力量，培養出真正、可靠的生活方式。

## 尊敬和感恩

在此傳承中，牢記上師的仁慈並祈求他的加持，能為我們帶來莫大的歡愉和利益。在佛教修行之路上，我們認為只要有人能夠傳授教法，即使短如一句話，都值得我們致上最高敬意。尊敬與感恩讓我們成為開放且足以領受之法器，正如泥土還暖熱、柔軟時，陶匠能將之捏出美麗的外型。

剷除自傲是佛教之路最基本的修行。謙遜之人，不但身段柔軟，而且學習力強；驕傲和自大則把智慧之門重重關上。自我的傲慢源自無明，而非智慧；當智慧閃耀之時，傲慢便無處可藏。

對上師頂禮，我們就能獲得幾千年深刻領悟和智慧的加持。上師持有佛陀智慧的寶藏，也是覺悟的化現。我的上師其仁慈無可估量，在他和我的相處中，沒有任何一剎那的自私念頭，只有上師無私的關照所散發出的光芒和溫暖。無論我們的上師身在何方，他那來自本然智慧和巨大富足的光輝總是伴隨著我們；在這個神聖的曼荼羅中，造成狹隘想法之成因並不存在，也沒有漫不經心的容身之處。我們都擁有覺悟的潛力，但是若能擁有上師的指引和傳承的力量，我們和佛陀的加持之間就能建立最純淨、直接的連結。

## 上師無條件的慈悲

沒有上師指引，想完全覺醒的機會微乎其微。除非擁有過人天賦，以天生的智慧讓自己當下解脫，否則如你我這般眾生凡人都需要追隨一位上師。若能專注、認真地對待上師的教法，就有方法能找到本來自性。

在資本主義的世界裡，我們享有自由和資源，並認為自己很容易就能夠得到自己所欲之物。可惜的是，深刻、神聖的教法無法用任何價錢收買，我們必須以正確的方式親近教法，了解自己正受來自業報以及煩惱等病症所苦。想像自己是個飽受病痛折磨的病患，而上師就是醫術卓越的醫師，他開的處方箋就是佛陀的教法。當我們信任醫師時，自會遵循他所開的處方箋領藥；只要虔誠修習佛陀的教法，我們就能從因果輪迴的慢性痼疾裡終獲療癒。

唯有上師會無條件地幫助我們，以仁慈待我們，並告訴我們最有意義、最誠實的生活方式。父母親友也會支持我們，但他們的指引成效通常有限，而且無法直搗問題核心。父母親友的確愛著我們，但這樣的愛通常都有附加條件。上師之所以仁慈，是因為他尊敬且尊重我們的本來自性；上師的仁慈是無條件的，只要體驗他的仁慈，我們就會備受啟發，展現出對上師的虔敬，並敬重自己的真我。

對上師充滿虔誠心與尊敬心，能給予我們活在當下的力量；而圓滿地活在當下，就是送給自己的最大禮物，也是獻給上師的最佳供養。上師的化現其實也就是我們本質的體現；對上師充滿信心和信任，我們亦將體悟生命的本質；熱切的祈禱與虔誠心則能快速展露本來自性。只要有真摯的虔誠心，我們就永遠不會偏離這個本質。正如一位偉大的上師曾言：「當上師的話語直入你的心，那種感覺就像手中握著珍寶。」

從佛陀的時代至今，此傳承中所有偉大的上師們都已經覺悟得道。上師代表的是覺悟的境界，能為眾生帶來無比的啟發。當你在自己生命核心內識別出上師的智慧心，並與自己的真實自性合而為一時，就是與上師結合之時。此時，他的覺悟已和你無二無別。真正的虔誠心是深深的愛、忠誠和奉獻，而非不經大腦思考、愚昧盲從。對上師的虔敬心是此傳承中令人最敬重，意義也最深遠的修行。唯有對上師充滿誠摯的虔誠心，我們才能成就真正的覺悟，並且真正信任自己的本來自性。

修行的目標，在於藉由熟悉自己的真性來保持自在。「保持自在」是其中關鍵，上師喜愛分享這個真理，而分享真理也是他服侍自己上師的方式。上師當然可以為你指點迷津，但首先你必須證明自己值得上師指引；你的成就來自對上師的虔誠心，以及自身的勤奮修行。

上師是這條發現之路上不可或缺的嚮導，而我們最終體驗到的喜悅和滿足正是上師的加持。憶念此，你毋須費力便能展現對上師的虔誠心與恭敬心，也能自然流露出對一切眾生的愛與關懷，和上師的智慧與慈悲心也合而為一。有了這些表現，表示你已經走在正確的路途上；若無，你便是缺少了核心與本質。

## 上師無所不在

尊敬上師，就等於認可自己的高貴特質，因為上師就是我們良善本性的體現。當我們向上師祈求時，就是在召喚自己的內在良善；尊敬上師，就能掌握一切狀況；與上師以及他的傳承建立連結，就能無時無刻保持正直。

你會發現，上師其實無處不在：花園裡的小麻雀以婉轉歌聲唱誦著上師的忠告；青蔥翠綠的森林就是上師的一種呈現，召喚著你歡慶這美麗人生；林中湍急溪流就是上師示意生命的快速流逝，告訴你應以警醒心與覺知來把握每一刻；當樹梢換上美麗秋衣，風中飄散的樹葉便是上師講的無常之理。

有了這樣神聖的緣分，無論上師身在何處，我們永遠都能得到指引以及心靈啟發，不再被迷人的外表欺瞞或引誘，因為我們明白為外表所惑，將無可避免地成為執著和痛苦的根源。在成佛之道上，如果你能夠與真正的上師和純淨的傳承，一同打造出這種珍貴的關係，是何等幸運的一件事！

## 虔誠心的手勢

只要能夠將禪修付諸於行，我們就能監督自己，為自己的行為負責。只要保持明視與清醒，我們就會以智慧與善巧處理一切遭遇；我們不再需要一個有形的上師在身邊，因為上師的智慧與你同在。

展現對上師的敬重，就等於是向自己的本有智慧表示敬重；認知到自己的本來自性，我們將更懂得欣賞自己；能夠欣賞自己，就自然而然會奉獻時間和精力與上師相處；為自己而修行，卻從不依循自私的方法；對存在自己內心堅不可摧的特質產生信心，有了這樣的自信，我們會尊重自己也會尊重上師。

在梵文中，向上師表達尊敬所使用的手勢叫「anjali mudra」（合十印）：將雙手合掌於胸前，祈求上師的加持。這樣的合十並非尋常、無意義的手勢，而是以無限的感恩誠懇合十，並以信任、信念臣服於上師所體現的本然智慧。

雙手合十，觸碰自己的心中間：右手象徵慈悲，左手代表智慧。就像相接正負電極，雙手合十帶來光明；打開開關，光就會從心中照射出來，憂愁或黑暗轉瞬間變成光明，我們因此得以歡笑、滿心雀躍。真實的虔誠，會將真正的明視直接帶入我們心中。

## ・光明上師・

想要堅持心靈修行並非易事。無論日常生活中的一切如何讓自己疲倦困頓，甚至失去了信心，我們還是要相信「明天會更好」，以此做為慰藉。要知道，還有許多迷人又蠱惑的歧路，以及眾多障礙阻擋著我們的修行之路，更糟糕的甚至讓我們站在原地裹足不前。

不幸的是，只有極少數人擁有真正堅定的信心來修持佛陀教法。許多人就這樣錯過了一個珍貴、罕見的良機。我們大可巧扮心機，對外宣稱自己在心靈之路上，做了這些那些的修行功課，並追隨某某上師……然而，我們無法不對自己誠實。在修行之路上，既然要吃苦藥，就必須願意將之完全吞進肚裡。除非我們能完全淨化惡業與障礙，否則將無法找到無條件本質的深刻性。

無怪乎釋迦牟尼佛在覺悟之後，決定住進森林，並保持緘默。在眾多求道者的熱切懇求下，佛陀最後才現身傳道，但是他從未認為僅靠自己的教法就能幫助眾生從苦難中解脫。佛陀清楚說過，他只能將馬引領至水邊，卻無法要馬喝水。佛陀的傳承從不矯揉造作。

在踏出修行之旅的第一步前，我們必須了解自己正在做什麼，以及為何而做。我們要用自己的智慧思考，而非盲從；要不斷檢驗並詢問，直到擁有足夠的信心與信任。唯有如此，修行才能更進一步。

當你真誠地走在這條路上，也許不時會覺得自己很孤獨，也許覺得與人群格格不入，因為周遭的形形色色看起來是那麼不自然。或許你不在乎是否要和這些令人不安的一切建立關係……總之，請不要氣餒，並想著自己何其幸運，走在一條可靠的道路上，最終將引領你到達真正值得造訪的目的地。

真正的修行人，不會因為事情不順遂就尋求代罪羔羊，更不會找人哭訴。無論發生什麼事，都會毫不保留地面對它、處理它；當遽痛與悲傷來臨，我們必須願意在當下面對它，面對每一刻有如最後一刻；千萬不要陷在過去膚淺的慰藉中或盲目相信未來，而要以清晰的覺知面對如是的當下。

與一位具足條件的上師結緣，並堅持修行，我們就會自虔誠心中得益。只不過一旦分心、失去覺知，和上師之間所建立的緊密連結就會在瞬間斷裂。只要有所警覺、專心一致，和上師的關係就會無比清淨、深刻；到那時，你就能與上師的智慧和慈悲結合，這就是光明上師，沒有什麼比這更加深奧。指引我們見到真性的導師，就是光明上師的肉身；重視他所施予的大慈悲心，並以認真領受教法與指引做為回應。

只要一分心，我們就會思念、盼望上師；因此，不要讓自己的心四處遊蕩；對上師產生執著，也同樣會思念上師，所以也不能緊抓著上師不放。光明上師擁有完全的智慧與明視，而這樣的關係可長可久。在此傳承中，當你步行時，應觀想上師跟隨在自己的頂上或右肩上；享用熱茶時，用感恩的心將第一口茶供養給上師；用餐時以正念將食物供養給上師；入睡時，上師就停駐在心中，讓你享受一夜好眠。

若心無旁騖，還有什麼好禪修的？我們只在內心飄蕩不定時需要禪修。保持持續不斷的覺知，就是究竟的禪修；能在此純淨的覺知中休憩，就是上師給予我們的無上加持。我們希望和這樣的覺醒永不分離，並與之親近，希望和上師時時刻刻同在。沒有什麼能與這樣的關係相提並論，當我們和上師的智慧之心合而為一時，就能看見無條件的光明，也就是生命的真面目。

第十五章

# 無所畏懼

## 找尋天堂

我們經常試圖改變、控制生活中的環境與條件，這使得我們很難發現真正的生活方法，因為我們太過盲目，看不見世界原本之美，因此總是事事要求進步。

心靈修行之旅並非要將我們與逆境隔絕。禪修剛開始時，我們會覺得自己好像吞下苦澀的藥物，並且伴隨著惱人的副作用，一旦放慢擾人、染汙之心的步伐，我們便開始體會心痛與苦楚。其實痛一直存在，埋藏在表皮之下，只是我們用許多身體、心理或情緒反應掩飾它，一如吸毒者用毒品壓抑痛苦。

當純淨的能量被我們的困惑和執著所扭曲，就會以充滿傷害與毀滅性的方式化現；感到被憂傷以及情緒所威脅的我們，因而企圖逃入狂亂行為的迷霧中，卻沒想到愈想掙脫，反而愈陷越深。我們因此幻想出一套與現實完全不同的生活方式，但這麼做不僅沒能讓自己從苦痛與焦慮中解脫，反而更強化「自我」，進而永遠失去找到自由的機會。倘若無法在即時的體驗中全然活出當下，我們就無法體現真正的生活方式。

打從一開始，我們就應該先問自己為什麼追隨一條修行之路。很多人之所以探究心靈，目的似乎都是為了要「上天堂」，不論得多拚命，我們還是堅決要找到生命裡恆久穩定的美麗與和平。只是，當煩擾和不愉快的情境接踵而來時，我們開始動搖，懷疑自己所幻想出來的寧靜與自在無法持續；我們變得恐懼、缺乏安全感；我們開始恐慌。除非改變修行的根本方法，否則不論我們轉往哪個方向，都無法找到一條持續如願之道。

生命中的每個時刻都充滿挑戰，我們必須沉著、冷靜、有備而來，當困擾一出現，就已準備好去面對它，這就是我們修行的原因。本質上，究竟的禪修就是學習面對一切挑戰。

我們又應該如何面對一切挑戰？《心經》裡有一句話體現了佛陀的智慧：「心無罣礙，無罣礙故，無有恐怖。」只要能夠完全擁抱世間萬物的本來面目，便能無所畏懼地面對每一分每一秒。天生無畏，存在於一切眾生內心，以及萬物本性。我們的本性毫無畏懼。只要明白自己所執著、害怕失去的美麗與秩序根本沒有實相可言，我們就會明白恐懼並非難以超越的障礙。一切事物都受因緣條件所限，終究會改變；認為我們需要操縱、控制一切的信仰實屬無稽之談，更是我們必須淨除的障礙。

## 面對不確定性

古話說得好：「親不敬，熟生蔑。」「自我」總是在慣性中成長、茁壯，並緊抓其熟悉的一切事物。一旦面對不確定性，「自我」就像一匹受到驚嚇而情緒激動的馬。要想超越恐懼，就應當在恐懼升起的當下察覺它。當最輕微的不安和憂慮觸動心中的警鈴時，請仔細凝視著它。以此方法修行，你才有辦法開始面對內心最大的恐懼。

與恐懼本身同在，我們就能體驗光明清晰；以覺知面對恐懼，我們就會體驗到恐懼多變、無實體的本質。我們不太能準確指出恐懼究竟為何，感覺上恐懼似乎是無法克服的障礙，但是在澄澈明晰中，恐懼無立錐之地。也許一大早就要跟老闆開會，你在上班途中開始思考開會時該如何報告，猜想老闆會做何反應，並開始緊張不安。其實只要明白這些想法都是毫無根據的臆測，就能擺脫其糾纏，回到當下的澄澈明晰。

除非我們和這樣的澄澈明晰合而為一，否則永遠無法從恐懼中解脫。然而，具有穿透性的澄澈明晰會揭開更深層的恐懼，因為我們會發現自己身處陌生的地域中；無條件的生命狀態，遠遠超越自我中心主義的領域。那麼，要如何在如此廣大、毫無結構可言的空間中運行？對此我們幾乎毫無概念。在這裡「自我」毫無參與演出的機會，光是這點就足以令人恐懼不已。為了得到安全、受保護的假象，我們依賴「自我」提供的參考座標、緊抓著所執著的概念。唯有透過禪修煉習，我們才能更加熟悉恐懼本身毫無根據的特性。

我們之所以能夠同情別人，是因為自己曾經歷過恐懼。然而我們無法逢人便說：「不要怕，沒事的。」這方法過分簡化、粗糙而拙劣。當我們說「沒什麼好怕」時，暗示自己內心裡毫無恐懼，但實際上依然害怕，這也就是我們會說出這種話的原因。唯有保持在無畏狀態的澄澈明晰中，我們方能幫助別人從恐懼中解脫——這就是覺悟者之道。

## 看透恐懼

面對恐懼，我們也許會膽怯，也許因而帶有攻擊性。其實還有一個中立地帶，在那裡我們不必當膽小鬼或是霸凌者。在「自我」的遲疑和防禦心之外，我們還

07/1/2013
不生不滅，天生無畏

有覺知和澄澈明晰。恐懼的本質就是無畏，本已英勇何須強化。想想，如果我們能認識這種無畏的本然狀態，該有多幸運！

恐懼如何升起？從何而來？又從何處去？如果我們能以覺知的清晰看透恐懼，就毋須訴諸任何膽怯或攻擊性的手段或謀略。但是大部分時間裡，我們並未做好面對恐懼的準備。倘若無法警醒、專注在當下，當危險來臨時恐懼就會讓我們不知所措。穿著名貴西裝或是絲質洋裝的我們，外表看起來或許自信十足，實情則是因為缺乏覺知，而讓恐懼持續潛伏在我們心中。

我們也許會認為，財務危機或情感破碎是造成恐懼和缺乏安全感的原因，事實上我們之所以害怕，是因為並未認識到自己的真正本質那堅不可摧的特性：它不生不滅，天生無畏。

生活中每一件事、每一個念頭和感覺，都只是這個本質的生動體現，恐懼的體驗也屬其中之一，只不過我們試圖隱藏它，將之覆蓋在地毯下；我們想像自己是偉大的戰士、銀行家、律師或是政治家；我們虛張聲勢，甚或變得具有攻擊性；我們對自己無比嚴苛。隨著時光流逝，我們離死亡愈來愈近，慢慢失去力量和敏銳的思維。我們浪費寶貴生命、揮霍能量，結果只為了假扮成不是自己的角色；我們使勁提升形象、抬高聲譽，卻完全未發掘來自真正本質的內在美。

## 無畏與見地

想要體驗無畏，我們必須先認清恐懼的本質。我們不能在恐懼面前逃跑，我們得靠近它、親近它。恐懼不會無緣無故升起，但只要能了解它的性質，我們就能超越它；付出耐心，給一切留點空間。

眾生皆有個人見地。然而，太過執著於個人見地時，就會變得僵化，有如膠合板無法彎曲，內心的寧靜因此備受干擾，幽默感也消失殆盡。我們再也無法控制自己的見地，反而被見地所控制。這就像是一個男子瘋狂愛戀女友，卻因為孤獨、缺乏安全感和恐懼而過分偏執迷戀，最後反逼使女友不得不轉身逃離。

佛陀教導我們，最高明的見地就是沒有見地；但是我們絕對不會在心感不安、充滿恐懼或防衛心理的人身上看到這種無上的見地。這樣的見地，在其本然狀態下既充滿自信又完整無缺，沒有什麼落在其界限之外。能夠擁有這種包含一切見地之人，心中永遠沒有恐懼，因為這樣的見地本身完整無瑕，毋須任何人為操弄——這就是深奧的見地。

這樣的見地既赤裸又直接，必須謹慎以待，正如我們都很清楚隨意觸碰沒有絕緣的高壓電纜會有什麼後果。但只要技術高明，知道如何處理電纜，就能利用它所輸送的電力享用充足的光線。此傳承教導大家要用覺知和善巧的手法來處理初始的念頭和情緒；倘若粗心、恣意妄為，就會有傷害自己和別人的危險。

許多人害怕靠近這根高壓電纜，拔腿就跑，而不去學習如何利用其電力。豐沛的電力源源不絕，懂得利用的電工卻寥寥可數。或許有許多人對此見地感興趣，卻只有少數幸運兒學習到從中受益的方法。但就算缺乏學習駕馭這種力量的興趣，也毋須苛責自己，我們亦可採取漸進的方式。每個人終將有機會讓自己學會如何善用此力。

我們所感知、心想以及感受的一切，都化現自這個完全開放的見地。這就是無畏的見地，沒有腐化、沒有偏見，毫無任何歧視。我們總覺得自己高人一等，在心裡織造出一個階級制度，將自己擺在最高的位置。這種偏見並非一開始就存在，而是後來才出現。在恆久的純淨之中，既不腐敗也沒有論斷。

太陽綻放的光芒和溫暖平等地照耀一切，不分對象、更無歧視。缺乏恰當的見地時，我們會怪罪太陽不夠光亮或是不夠溫暖。實情或許是角度太大，太陽無法直射或是烏雲太多，然而無論我們能不能看見陽光，太陽依舊高掛在天上照耀著：這就是究竟的見地，是每個人心裡都有的一道永恆明亮光芒。我們內心的智慧，就是最好的導師，而此自生的覺知，就是我們最究竟的朋友、最珍愛的伴侶。

這樣的智慧永遠清淨，而這樣的清淨帶來自由。無畏正是安住在這根本的清淨中，一如蓮花長在淤泥裡，其花朵卻是出淤泥而不染。蓮花從淤泥中吸取養分，卻不染於淤泥；當花朵綻放時，明豔動人、純潔無瑕，絲毫不受其周圍淤泥的影響。我們毋須捨棄一切所有，或是從零開始。淤泥之地亦可安住，只要吸取淤泥裡的水分與養分就好。

在此清淨之內，一切皆已成就與圓滿。我們可以對此見地產生無比堅定的信心，知道只要有心的存在，就有實現這無瑕見地的潛力。我們可以與眾生分享溫暖與仁慈，因為在這本初的清淨中，容納眾人綽綽有餘。這樣的見地並非狹隘、有限，而是廣大、深遠遼闊，才能讓我們進一步探索，並讓目光超越自己有限的見地。之後，我們才會擁有究竟的見地，讓生命中的每個當下都有無畏為伴。

第十六章

# 豐饒的財富

## 就像一朵小花

對無條件的本性充滿信心之後，我們就能面對這個充滿慾望、忿怒、傲慢等諸多惱人心緒的世界。我們毋須以勇猛戰士的姿態出現，而可以如一朵小花般溫柔、微妙、優雅、謙遜低調地生長。蓮花在淤泥中生長，卻在無瑕的純淨中綻放盛開，因此儘管我們長在負面情緒的淤泥裡，但是本性卻浸潤在良善中。我們能心懷正念，以堅決不動搖的信心，守住自己的立場。

生而為人的我們，都有可能受到各種苦痛折磨。我們可以捨棄激烈的手段，以平靜的決心與把握，來撫慰他人的負面情緒與能量。究竟來說，眾生皆平等，皆能與佛平等。佛陀教導我們，一切眾生都應得我們的慈悲關懷與敬重，要認得一切眾生與生俱來的基本良善。

我們所說的每一句話都要有意義。如果想說的話只會幫倒忙，寧可保持沉默。漫不經心的言談只會製造不和諧與混亂。古話說得好：「空桶響叮噹。」話說得愈少，遇到的反對聲浪也愈少。能夠避免閒談，就是清新、神聖的禪修。倘若缺少一顆仁慈、關愛的心，說出的話語便無法打動人，唯有包含莊嚴仁慈之心的誠摯話語，才能觸動最堅硬的心房。

## 在一座黃金島上

當我們體驗到純淨覺知的透澈，就算只是凝視某人的臉龐，都會是一種充實的體驗。如果無法看清一切，就猶如盲人般，無法看見並欣賞生命中遭遇的任何事物繽紛活躍的特質。

如果能毫無任何遮蔽地清楚看到朋友的臉龐，我們就能以純潔而純真的方式珍惜他們的人生；更珍視朋友的存在，在他們身上找不到任何缺點，更找不出彼此衝突的理由。衝突代表我們尚未感知到生命的珍貴，一旦認知生命的可貴，我們就不會認為自己的看法比較高明，而是變得更體貼、善解人意。覺悟人生的珍貴能帶領我們抵達究竟覺悟的大門。由此觀之，能夠感知此珍貴性是多麼令人歡愉的一件事！

我們要愛自己、尊重自己。不先對自己生命的價值感恩，就無法關懷別人；我們會挑剔別人的缺點，而且看不見生命的珍貴，這將是人生最大的失敗。

當你發現自己身處在一座黃金島上時，就不應該空手而回，而是該認識並擁抱這些寶藏，享受島上的黃金，品味這被稱之為「生命」的貴重寶藏。一旦領悟到自己浪費多少光陰在日常瑣事上，苦痛之淚便會潸潸而下；反之，欣賞自己的好福報，將令你喜極而泣。喜悅之淚也會在我們向內在上師祈求的時候落下，只要觀看內心深處，便會感知上師的絕對可靠性，認清這種潛能其實存在於自己和一切眾生心中。接下來，你會對上師升起恭敬心，並在一切所見之相、一切所聞之聲以及一切所觸之物當中發現奧妙。

## 不斷湧出的甘露

上師的慈悲就像蓋滿白雪的大山，而我們的虔誠心正如明亮的太陽；當虔誠的熱度融化山上皚皚白雪，甘露就會不斷湧出，讓我們不再飢渴、不再匱乏——這甜美的甘露，就是上師的加持。

對上師虔誠心的力度並非一成不變，就像光亮的白天可能轉變成灰暗，烏雲也可能遮蔽耀眼的太陽。但是只要對上師的虔誠心強韌而堅定，就沒有什麼可以阻擋我們享受完全的自由。好壞、正負、高低，終將消溶入「空」；白雲烏雲將消散，太陽亦將閃耀光芒；甘露之溪流將從覆蓋白雪的山上流下，而你將嚐到真正人生的無上妙藥。

我們再也不會渴求世俗的一切，或欲求平庸之物。上師給予的加持將尊嚴灌輸給我們，我們也會在簡單的事物中找到大樂；世界也許不會改變，但是我們的觀念和看法卻會變得活潑而新穎。當我們忙著用直接不造作的方式享受自己的世界時，就不會迷失在不切實際的想法中。

我們會像是一名出色的舞者，以巨大的張力、精湛的技巧與精準的節拍，來舞出自己的人生。對於技巧純熟的舞者而言，每一個動作，都屬於一場天衣無縫的愉悅演出。只要珍視自己的人生，它就會變成一支美麗的舞蹈，而我們所經歷的一切——無論任何想法或感受——都將成為舞伴。我們將隨著它們的旋律同步起舞；找到真正的欣喜與歡愉，搖身一變成為完美的舞者，帶著沉著與自信翩翩起舞。

## 在上師面前……

在此傳承中，我們認為每一天都是吉祥日。任何時刻、任何狀況下，我們都有機會實現本來自性，也就是所謂的「佛性」。因此，每天每刻都無比珍貴。其實覺醒一直隨侍在側，我們必須相信自己擁有覺醒的潛力，否則機會稍縱即逝。在此傳承中，我們相信若是能夠善巧地利用珍貴人生，找到真正的上師，堅定地追隨佛陀之道並精進修行，此生即有可能得到解脫。更重要的是，「此生」並非遙不可及的未來，極有可能就是眼前當下！

請以「如果沒有明天」的可能，感受好好修行的迫切需要。修行就是真心發出微笑，因為我們不一定會有下一次的機會；修行就是殷勤招待朋友，因為我們無法確定是否還會再見到他們；修行就是尊敬上師，因為我們不知道明天會有什麼變化；修行就是自在地布施，因為這也許是我們最後一次享受施予的喜悅。請實踐這些教法，好好修習！

倘若與朋友意見不和，請停下來並好好思索：這並非是兩人當中一方有任何缺失。意見之所以分歧，原因在於彼此並未看清全貌。我們應當讓事情有演變、能夠自我揭示的空間，也為每個念頭預留空間。假使能為自己第一和第二個念頭之間、第一個和第二個感受之間預留些空間，便能擁有明視與理解。

當我們為念頭與感受保留喘息空間，就不會衝動行事或急於回應。在這空間裡，我們會心生恭敬心，看見美麗。這樣的空間打斷了我們的困惑，並且加強覺知——這是一切禪修基礎，所有靈性之行都必須以這樣的理解為本。覺悟就是建立在這樣的理解上。

在此傳承中，偉大的上師給了我們需要的一切空間。在上師面前時，困惑消逝無蹤，僅剩下簡單的空間可安住其中。無論事情看起來有多混亂，無論生命裡的是非黑白對比如何強烈，在上師面前，一切都變得無關緊要。上師不因為我們的第一或第二個念頭而忘乎所以，當他創造出空間時，在那空間中的一切將變得無比神奇。正因為上師與我們分享了這無限空間中的驚鴻一瞥，即便他不說話、不出聲安慰，我們在離開時還是會感到平靜與滿足。

## 理解

在本書最後，我勸你，一定要修行。想要有所成就並真正覺悟，你就必須在日常生活中應用、實踐佛陀的教法。

修行就是要溫和，修行就是要仁慈，修行就是要理解。理解自己的作為，理解朋友和敵人的作為，理解一切眾生的作為還有他們的思維模式。只要能保持這樣的全面性理解，就不會再要求更多，而是立志成為這世上擁有最高理解力之人！如此一來，你就能深刻地與一切相處。沒有什麼更多需要完成——光是這一點，你就已成就一切。

缺乏理解，就算如佛陀完美的蓮花坐姿般挺直腰桿，你也不是佛；缺乏理解，就算是學有專精的佛學家，也稱不上是佛教徒。只要理解，從許多方面來說就是個佛教徒。佛教徒毋須相同外表、膚色或同樣形式。無論你是什麼樣子，都已經是個佛教徒，是偉大覺悟者的追隨者！

你毋須施行此傳承的儀軌，甚至毋須熟讀任何一本佛教經典。只要心懷仁慈、慈悲和理解，你就是佛陀真正的追隨者，進而活得更長久、更舒適、更自在。最終你會找到真正的快樂，也能幫助別人找到真正的快樂。

請記住，大度的理解心是能治療一切疾病的解藥，此乃最深奧的教法；請記住，這是你自己的生命，千萬不要虛度；請記住，我們離死亡愈來愈近，所以要負起責任將生命活出圓滿。把握現在、活在當下，讓自己的生命充滿意義。當死亡到來，你不會想當個內心充滿悔恨的人，懊悔自己竟然浪費如此寶貴的機會。請活得有目標，活得仁慈，用正念活出人生！

如此修行，上師便與你同在；只要仁慈、慈悲、理解，光明上師就住在你的心中；只要如此看待上師，並實際修習教法，你自能從這個深刻、神聖的大圓滿傳統中，獲得巨大回報。

願此功德利益一切眾生。

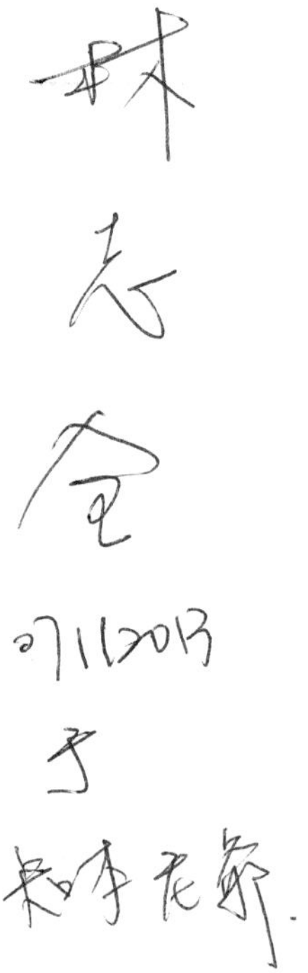

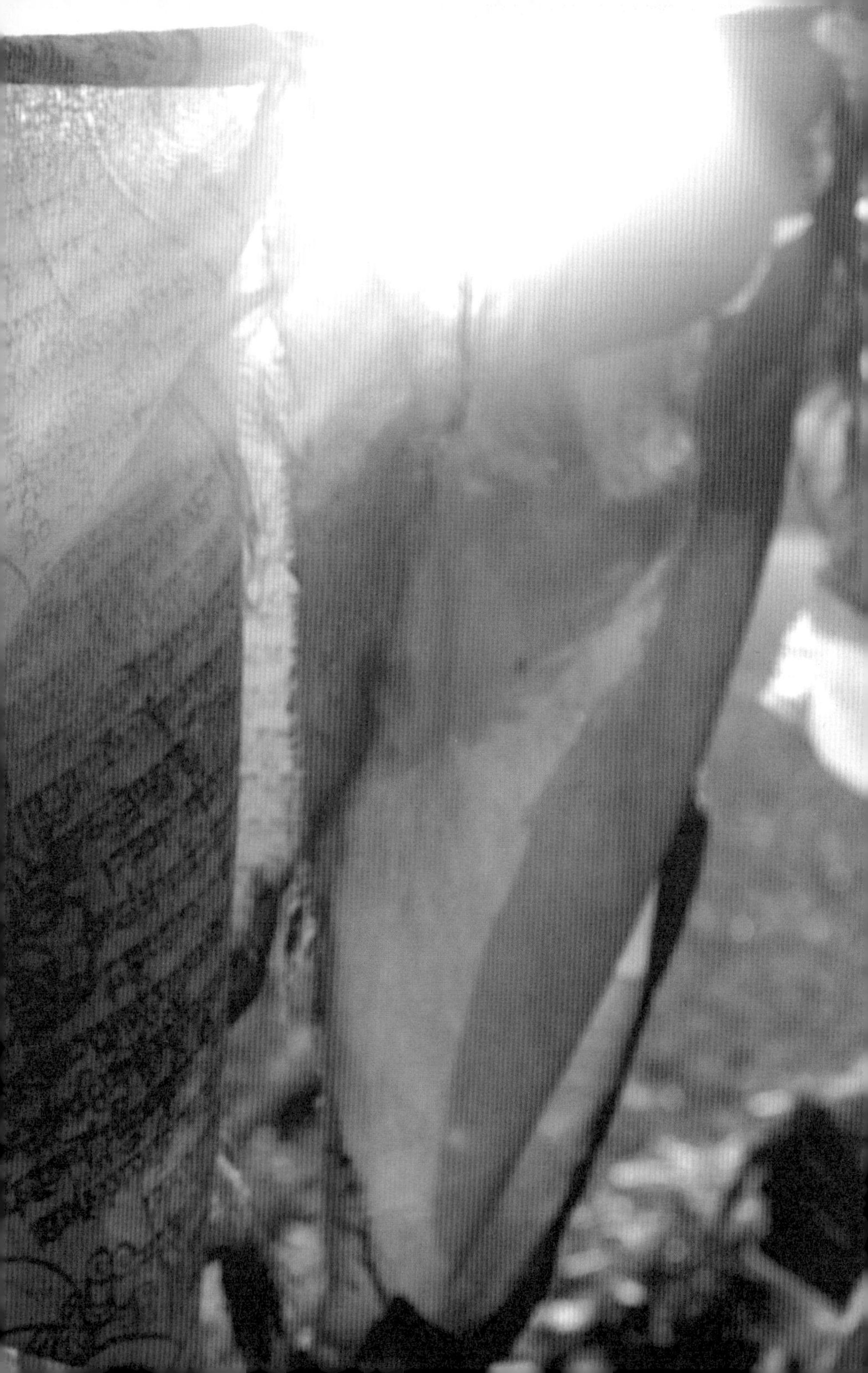

後記

# 「愛情、工作與生活」——與夏鉑坦真仁波切對話

**問：根據您平生的觀察，人為何痛苦？**

尊貴的夏鉑坦真仁波切（下稱「仁波切」）：我們一出生就獲得美麗、無價，名為「生命」的禮物。但隨著年紀增長，我們得面對疾病、衰老與死亡。人無法永生不死，可是我們可以試著盡量活得好、活得快樂。然而人們卻被慾望、貪念、瞋恨、妒嫉、傲慢、無知及不滿足等煩惱所控制。一般說來，人們因為缺乏對於自己真正本質的覺察，於是在錯誤的地方找尋快樂，更受其無明所苦。

**問：許多人看似非常努力工作，賺進萬貫家財，卻始終對一生感到不滿意。我們要如何活在物質世界的當下，同時追尋靈性生活？**

仁波切：我們為何要工作？一開始，我們工作是為了求得溫飽，讓自己有地方安居，滿足自己的基本需求。但隨著時間拉長，我們逐漸被寵壞，將一切視為理所當然。我們逐漸遺忘工作的理由，卻期待工作為自己帶來更多；我們想要得到地位、財富以及別人的尊重；我們忽略心靈成長的重要，轉而追求物質成就，並將寶貴的呼吸拋諸腦後。我們應當重視工作、享受工作，但不應該讓工作將生命消耗殆盡。當我們執著於工作（甚至成癮），就會忘掉自己的生命有多麼珍貴。

我們來到這個世界上是有目的的，每個人都需要找到自己存在的意義。而生命的目的，不就是找尋真正的自由，並且發現真我嗎？這裡所指的自由，並不代表可以睡到自然醒，也不是不需要工作，而是將自己的創意導入工作中的能力。想要過靈性生活，就要拋棄執著，保持真正的自由自在，同時又能夠在物質世界中正常生活。

**問：對於想要過有意義的生活，可是卻感到迷惘、憂鬱的人們，又該如何是好？**

仁波切：我們都需要一位上師來帶領我們認識生命的奧祕精髓，因為金錢與權勢無法買到這樣的教法。我們必須證明自己值得獲致這樣的神聖教法。面對真正的上師，要充滿恭敬心和虔誠心，因為上師能夠在心靈修行之路上指引我們。上師教導我們歡慶生命的方法，幫助我們找到自己的力量。有了上師的愛護與指導，就能確保自己不會迷失在困惑中，或受到無盡憂鬱之苦。

**問：您能給努力想活在當下的弟子什麼忠告嗎？**

仁波切：在我的傳承裡，我們試著給予人們力量，讓他們理解自己的真性與生命目的。每個人內心都會不安，即便再如何有錢有權都是如此。我試著幫我的弟子擺脫這種不安全感及恐懼，方法就是引領弟子們認識自己無條件的智慧，也就是我們所能經歷最滿足、最喜樂的境界。我認為人們應該專注於發現自己究竟是誰，並領悟此生究竟有多珍貴；我們必須明白，做個心懷慈悲的人多麼有益；應當努力覺悟，如此才能幫助自己解脫，也幫助他人解脫。最重要的，是發掘與自身形影不離的究竟知識。這種知識必須透過修行或是上師的加持才能揭露。

**問：您能給沉迷於物質世界的人們一些什麼建議？**

仁波切：生命是份無價的禮物，值得歡慶。只要有人感到忿怒或不快，我就要他們想像一下自己只剩下兩、三口氣可以活的景象。接著我要他們想一想，對他們來說最重要的東西是什麼。最重要的是我們的呼吸、我們的生命。我們應該善加利用生命，以「如果沒有明天」的態度生活；善待鄰居，因為我們不知道是否還能再見到他們；分享財富，因為我們不知道自己有沒有下一次的機會。把每個當下都當成生命最後一刻度過。試著和所有身邊的人共同歡慶，並在一切作為中找到喜樂。凡事別太過認真，因為生命中的一切短暫如夢。如果擁有物質財富，不妨布施給慈善機構。囤積財富只會讓心靈變得貧窮，進而無法歡慶生命。

**問：對你來說，快樂是什麼？助人令人快樂，但遊戲人間同樣令人快樂。快樂與心靈之間到底有什麼關係？**

仁波切：對我來說，真正的快樂就是完全的自由。唯一會讓我失去自由的，就是自己的慣性心智運作模式。因此，我必須學習如何善巧地面對自己的心。想要過得快樂，就從想想「每個人都想過得快樂」開始。我們必須在乎一切眾生的快樂，而不是只有自己的。地球有超過七十億的人口，以及其他無數的生靈，如果我們只想在自己小小的快樂世界裡生活，不僅是短見的做法，也無法得到真正的快樂。想要快樂，就得想想如何讓別人快樂，並付諸於行動。

**問：慈善如何助長快樂？**

仁波切：慈善是歡慶生命的一種方法。慷慨大方的人，會在布施中得到成就感。我覺得慷慨布施的人，比接受贈予之人得到更有意義的體驗。慷慨布施、減少執著，就能為自己帶來力量和自由。當我們能夠分享財富，布施就會成為達成目標的方法。我們不該成為財富的奴隸。慷慨慈善就是活出圓滿！

**問：什麼是「活在當下」？**

仁波切：活在當下是從過去、現在和未來中解脫；活在當下是從時間、概念與條件中解脫；活在當下，是從對於回報的期待中解脫；活在當下是全然擁抱此刻，而此刻的本性早已完美。活在當下即是一切。

**問：許多年輕人終日耽溺在「臉書」、「推特」，或者成日著迷於 iPhone 和 iPod。您認為這些科技發展是否造成人們無法活在當下？**

仁波切：許多優秀、天賦異稟的人，為了利益眾生而創造這些科技產品。這樣的創新能夠幫助人類進步成長，可是，如果我們將科技運用在毀滅性的發明——例如核子武器——那麼我們是會摧毀自己的。倘若我們能以利他利己的正向動機，使用諸如網際網路或智慧型手機等工具，就能夠讓生活更加多姿多采。問題不在工具本身，而是我們如何使用它。

話雖如此，臉書或推特等科技工具的確可能將我們困在毫無意義的散亂中。我們必須牢記，最令人滿足的事就是活出圓滿。倘若無法對自己感到真正的滿意和滿足，在科技產品的新奇感消失後，我們很快就會感到無趣。請記住，科技本身並非問題的根源。當我們使用這些工具時，必須察覺到所有對我們進行疲勞轟炸的困惑念頭與情緒，並學習如何對付這些入侵者！我建議大家每天至少空下五分鐘，讓自己徹底與音樂、遊戲、手機或網路斷絕連結。找個安靜的地方，和自己在一起，修習禪修，以覺知和自己的心智相處。

**問：您對於女性在充滿魅力、時尚以及新穎的整形手術世界中追尋美，有何看法？**

仁波切：自然而且無憂無慮的女人是最美麗的。整形手術、化妝品和時尚打扮都只是增加女人美麗的工具，但並非永恆。女人與生俱來的女性特質才能永垂不朽——而這「究竟之美」，就是做自己。女人必須認識自己，並對自己的女性特質感到自豪，因為再也沒有什麼比這更吸引人。「度母」是佛教中的一位本尊，她曾明言：「我將以女相度眾生，直至眾生覺悟為止。」因此，女人應該學習美麗的度母，尋求內在解脫。

**問：您對於慾望的看法？**

仁波切：人生來就有慾望，所以不應該抵抗與生俱有的東西；反之，我們應該學習如何運用、導引自己的能量。畢竟，生命值得慶賀。正如慈悲的醫者混合毒藥與草藥，炮製成具有療效的藥方，慾望也能夠被導引、釋放和轉換，關鍵在於如何處理這股所謂「慾望」的能量。只要慾望能量得到解脫，就不會產生有害後果。

**問：網路造成色情影片或一夜情日益氾濫，然而人們似乎只是擁有更多慾望，卻得不到滿足。這是為什麼？**

仁波切：瀏覽色情影片或曾有一夜情的人，都是從外界找尋滿足感。如果只把性愛當成滿足生理需要的工具，永遠都不會真正滿足。身心合而為一的性愛，才能帶來完全的滿足。有一段藏傳佛教的祈請文中提到，人生最大的盛宴，莫過於滿足自己的伴侶。性愛不該只是自私的慾望，而是歡慶生命的一場盛宴。我的建議是，歡慶自己的生命，並對一切眾生，包括自己在內，感到無比的大愛。仰慕自己，為自己感到驕傲；享受和自己在一起的時刻，然後知足。

**問：我們如何誠實地面對自己，同時負起社會責任？**

仁波切：誠實就是真誠地活在當下，毋須任何造作。一旦需要隱瞞什麼，就失去與「此刻」的聯繫，錯過「此刻」的生命力與能量。誠實面對自己並承認自己的弱點，是個很好的修行方法，因為我們都有辦法克服障礙。每個人都有弱點，別人會理解、原諒我們的弱點。當我們誠實面對自己，就會真正明白自己的人生目的與社會責任為何。

**問：您過了四十多年的心靈修習生活。曾經考慮要轉換跑道嗎？**

仁波切：不曾。對我而言，心靈修習就是擁有活在當下的全然自由。我不認為教學是我的工作，我的責任是盡己之能，自在地過日子。無論我做什麼，比方講課、回答問題也好，與朋友相處也罷，我都覺得是在透過分享彼此寶貴的生命來進行溝通。一個人能有多少機會和別人聊聊自己的一生？因此，我認為最重要的是要心懷慈悲地使用我的時間來關心你，因為你有興趣聽我說話。至於我自己，則盡一己之力與人結緣，同時享受自己的成就與覺悟。這就是為什麼我總能怡然自得地到處旅行，並盡力幫助別人的原因；這也是我修行以及表達對別人關心、愛護的方法。體驗真正的自由，並對眾生表達我真誠的慈悲與愛，是我終生的志業。

# 詞彙索引

（按出現順序排列）

**【佛法】**覺悟者所教導的真理。同時可指現象，意即物件或事件。

**【解脫】**請見「覺悟」。

**【根本上師】**與我們最有緣、待之以最虔誠的尊敬心的主要上師。根本上師提供一對一的教導，並引領弟子進入自己心智的真性。

**【大圓滿】**佛教最高的覺悟修行法門，為一切修行靈修之道的心髓。其法含有證悟清晰與光明心性的法教與指示。

**【佛陀】**完全覺醒者，脫離一切障蔽，具足覺悟的智慧特性。

**【覺悟】**完全甦醒在究竟心性和實相中。超越一切障礙的境界，全然實現一切正面的特質。

**【光明本性】**心智的清晰與感觀面。萬象被認為是光明本尊，我們所感知的一切皆是心智清晰性與認知能力的表現。

【禪修】專注心智的修習方法，能平息紛擾的念頭、引領我們進入心與萬象本性的深刻理解。亦可理解為思維心靈教法，諸如慈悲喜捨之四無量心。

【蓮花生大士】西藏人尊為第二佛，於八世紀將大圓滿法從印度帶入西藏的偉大上師。

【龍欽巴】生於十四世紀的西藏，被公認為最出色的學者，熟稔藏傳佛教寧瑪學派之法。《龍欽七寶藏》為其最偉大的著作。

【智慧】心的清淨、全知與光明性，超脫一切二元定相。

【本來自性】純淨、本然的覺知。我們的本來自性，是無法表達、超越一切概念架構的。

【無明】或「無知」。缺乏知識，沒有認知到心智本身的空性與透徹性。無明認知「自己」以及現象為實體、獨立存在，並且自給自足。

【煩惱】執著、瞋恨、傲慢、妒嫉與無明，造成內心困擾，障蔽其清淨本性。

【業】過往念頭、話語和行為所推動的總和力量。業的運行並非固定不變。過去的業能夠被淨化，未來的業則被我們現在的念頭與行為所影響。

【佛性】究竟、覺醒的心性。一切眾生俱有此本性，以及覺悟的潛力。

**【純淨感觀】**擺脫概念與情緒障礙的感觀。在當下中清新而鮮活，視一切眾生與萬象為純淨。

**【大鵬金翅鳥】**印度神話裡，從蛋中孵化出來即刻能夠展翅高飛的神鳥。它所代表的是本然存在的初智。

**【慈無量心】**四無量心之一。純正地希望一切眾生享用喜樂與喜樂之因。

**【障蔽】**認知或情緒元素遮蔽心質樸無瑕的本性。障蔽升起自無明，並非心性所本有。

**【如意寶】**印度神話中，如意寶賜予祈求者任何希望得到的東西。如意寶代表一個人的覺醒本性以及全然利益自他的能力。

**【捨無量心】**四無量心之一。見一切眾生為平等，明白他們都希望離苦得樂。

**【真性】**或「本性」。覺悟的本性，超越所有困惑與障礙。這是一切眾生本有的，因此，一切眾生都有可能得到覺悟。

**【大圓滿】**為佛教最高的覺悟修行法門，為一切修行之道的心髓。其法含有證悟清晰與光明心性的法教與指示。

**【喇嘛】**藏傳佛教傳統中，給予具有智慧與能力，在修行道路上領導他人的上師的尊稱。

**【空性】** 無有任何能夠被二元心智所掌握之物。心的本質精華並不擁有任何局限的特性，然而卻反映出一切現象。

**【金剛】** 佛教中象徵堅不可摧以及善巧方便之物。

**【二元定相】** 心執著於「自／他」等相對概念，並相信如此概念是真實且獨立存在的。

**【非二元境】** 超脫一切概念極端如「自他」、「好壞」、「有無」等純淨無瑕的覺知境界。

**【輪迴】** 指的是執著於「自我」這個錯誤概念，從而產生的妄想。我執導致貪瞋痴，也就是痛苦不斷循環的原因。

**【金剛乘】** 於今生通往覺悟的快速通道。其教法與指示來自被稱為「密續」的經文中。

**【妙觀察智】** 五智之一。不清淨的慾望能量被轉化為妙觀察智，清楚而毫無困惑地分別一切現象的特質。

**【希望與恐懼】** 當我們被俗事吞噬時，我們會徘徊在希望與恐懼的極端之間。我們希望事情如己所願、利益自己，同時又害怕事與願違。

**【大圓鏡智】** 五智之一。不清淨的忿怒能量轉化為大圓鏡智，正確無誤地反映萬象本性。

**【明鏡】** 用作譬喻心智的空性，能夠如實反映所有現象。一切現象在鏡面上出現，但沒有任何東西實際存在於鏡面。

**【平等性智】**五智之一。不清靜的傲慢能量被轉化為平等性智，以平等無別視一切現象。

**【成所作智】**五智之一。不清靜的妒嫉能量被轉化為成所作智，自然無為地利益自他。

**【法界體性智】**五智之一。無明被轉化為法界體性智，也就是心智真性的廣大開闊面。

**【五智】**五個覺悟智慧——「妙觀察智」、「大圓鏡智」、「平等性智」、「成所作智」、「法界體性智」。

**【戰士】**用來形容真正的修行者，勇猛面對並擊退內在的障礙與弱點，從而自我解脫並且利益他人。

**【無條件的本性】**心的清淨和空性，反映一切現象，卻不被任何事物影響或制約。

**【皈依】**佛教傳統裡，我們皈依，或尋求三寶（佛、法、僧）之庇護。

**【三寶】**佛（上師）、法（法教）、僧（行者團）。佛教徒皈依三寶。

**【證悟】**障礙得到淨化，且領悟心與萬象的真性。

**【自我解脫】**雜念與煩惱自然而然被釋放至清淨覺知的開闊境界。

**【加持】**藏文的加持，意指「轉化莊嚴宏偉的潛力」。此莊嚴宏偉的潛力，是德行的發展以及惡性的減少。已成就的上師能夠將之加持給予具有領受能力的弟子。

**【寶貴人生】**生命被認為是寶貴的，因為一旦因緣具足，人能夠修習佛法並得覺悟。

**【功德】**正面動力，在覺悟自身真性的道路上，通過身口意所產生的德行的累積。

**【三殊勝法】**一、升起純淨動機：願自己一切行，利益一切眾生，而不僅僅利己；二、專心一意，以覺察心修行，並時時留心此行的短暫性；三、將自己修行的結果回向給一切眾生之利。

**【功德回向】**將自己修行所得的正面能量，供養給眾生，包括自己的利益。

**【純淨動機】**或「純淨意圖」，為眾生之利而行，而不止是為一己之私的願望與決心。

**【無禪可修】**心智自然的覺察、平和，不被散亂的念頭干擾的境界，在此境界中，修煉正式的禪定功夫是多餘的。

**【出離心】**因為追尋世俗安逸與成就最終是白忙一場，對此產生疲倦與哀傷，從而升起要追尋靈修道路的決心。

**【六度波羅蜜】**也就是「六圓滿」。菩薩道的修行——「布施」、「持戒」、「忍辱」、「精進」、「禪定」與「智慧」。

**【四無量心】**想了解佛法，就先要觀眾生之苦，發起菩薩的慈悲喜捨願心。而發慈悲喜捨的菩薩心，就是修四無量心，也就是「慈無量心」、「悲無量心」、「喜無量心」、「捨無量心」。

**【捨無量心】**四無量心之一。見一切眾生為平等，明白他們都希望離苦得樂。

**【相互依賴】**說明萬象由於因緣具足而生的真諦。沒有任何東西能夠獨自存在。

**【慈無量心】**四無量心之一。純正地希望一切眾生享用喜樂與喜樂之因。

**【悲無量心】**四無量心之一。真誠地祈望，願一切眾生能夠脫離痛苦與苦因。

**【喜無量心】**四無量心之一。對於他人的快樂感到喜悅，並衷心祝福他們的快樂會不斷增長。

**【菩提薩埵】**對於內在佛性擁有信念，並擁有堅定決心，為眾生覺性勇猛精進之人。

**【曼荼羅】**可被譯為「中心」或「圓心」。可視為上師與其弟子們事業之界域。

**【虔誠心】**對於上師的覺悟德行深深地尊敬與感恩，對於上師幫助引領自己見到覺悟本性的能力具足信心。

**【合十印】**具有表徵性的手勢，為心靈大願與領悟的表示。

# 關於夏鉑坦真仁波切創立的中心與組織

## 「嚷日耶謝社」與「佛土——覺悟中心」

非盈利組織「嚷日耶謝社」（Rangrig Yeshe）成立於一九八九年，用以資助尊貴的夏鉑坦真仁波切位於北美的慈善事業。「佛土——覺悟中心」（Buddhafield, the Center for Enlightenment）為仁波切在美國的主座，成立目的在於為子孫後代保存並弘揚大圓滿光明傳承的深刻教法。「佛土——覺悟中心」位於紐約州米勒敦（Millerton）。

詳情請見：www.buddhafield.info

## 夏鉑寺暨禪修中心

一九八九年，夏鉑仁波切成立西藏兒童基金，資助尼泊爾以及印度喜馬拉雅山區的貧困兒童，照護他們基本的生活需求與教育；一九九二年，夏鉑仁波切於尼泊爾加德滿都的科磐山上重建夏鉑寺暨禪修中心。在這裡，仁波切帶領超過一百三十位喇嘛與喇嘛尼，學習大圓滿龍欽寧體傳承；二〇一〇年，成立昆成米滂學院。

**「文成公主國際基金會」**

二〇〇九年，夏鉑仁波切於香港成立慈善組織「文成公主國際基金會」；二〇一〇年，於台灣成立「文成公主佛學會」；二〇一一年，於馬來西亞成立「文成公主國際基金會」，支持仁波切在亞洲的慈善活動。

詳情請見：http://www.wenchenggongzhu.org/

夏鉑仁波切與上師恰扎法王合影（1990 年前後，攝於尼泊爾）

夏鉑仁波切與父親合影（1992 年，攝於尼泊爾加德滿都）

夏鉑仁波切與母親，攝於「佛土——覺悟中心」

位於紐約州米勒敦的「佛土——覺悟中心」

位於尼泊爾首都加德滿都郊區的夏鉑寺

編後記

# 在尼泊爾星空下

許悔之
（詩人、有鹿文化事業有限公司總經理暨總編輯）

二〇一二年五月，看見一群剛進夏鉑寺皈依大圓滿傳承的小喇嘛，有的長了癩痢頭，他們來自偏鄉僻壤，衛生條件不好，有的甚至原本連活下去都很困難。

他們多是小小孩，其中大部分是孤兒。在夏鉑寺裡，他們習經修法，學語文，學習生活；夏鉑寺要讓他們的身體飽足，更要讓他們的心靈飽滿。有朝一日，他們可能安慰了一個個疑惑與困頓的生命，給他們力量，安頓他們的身心，在人間活得自在、活出價值、活出圓滿。

有一夜，我在夏鉑寺的園子裡，佇立、抬頭，看見將滿的月亮與滿天燦然的星星。月光就像佛陀覺悟前所喝的羊奶，滋潤著大地一切眾生；天上一顆顆的星星閃閃爍爍，像一隻隻明亮的眼睛，可以給人平靜、安慰與力量。

這些住在「佛法的屋子」裡的小喇嘛，接受十方的布施，健康安全地長大、學習；每一位對他們伸出手的贊助者，都像他們的父母，所以，他們不是人間的孤兒。

在佛法的屋子裡，智慧與慈悲如父如母，沒有人會是孤兒。

有一天，這些喇嘛學習完成，也會對人間挫折遇苦的人，伸出他們的手，用習自佛陀的智慧柔軟語給予安慰與寬解吧。就像一盞燈點亮了其他的燈，光與光相續相連，人間苦惱的眼光悉皆變為燦亮的星光。

夏鉑仁波切的前半生多在美國和尼泊爾弘法，英語和藏語是他使用的語言。他不會說聽讀中文，但是佛陀所說的真理，換成什麼語文，都是相通無礙的。佛法有藏傳、南傳、漢傳的因緣，但慈悲智慧的真理是一，沒有差別。

《你本就擁有的完美生命：讓每一口呼吸都喜悅圓滿的方法》（*Living*

*Fully: Finding Joy in Every Breath*）最先以英文出版，接著印行了尼泊爾文版本；於今，中文版即將在華人世界面世，要感謝連秀卿（Joyce）、陳霞琳（Lynda）、楊啟萱（Tracy）、王振威（Sherab）等人的費力和盡心；無始劫來，能與華人的讀者朋友在這一刻相會。

就像那夜將圓未圓的月亮，隨因緣而圓缺；但是，當我們的心圓滿了，我們的心中自有一輪明月。

我，曾站在尼泊爾的星空下，知道你也站在某一地方，我們共享了星星、月亮、太陽。

我們還共享了佛法。

佛法，很重要的一部份，正是在人間幸福圓滿的方法。

佛法是用來快樂、幸福、圓滿的，在這本書裡，夏鉑仁波切用一則又一則的故事，要與您分享，佛陀所說、所教導的活出圓滿之道。

深深地祝願，在家庭、工作、生活、社會之中，每個人都得到佛法的利益。

深深地祝願你的人生：時時自在，處處安祥。

| | | |
|---|---|---|
| 040 愛吃鬼的祕徑：李昂帶路的美食奇妙之旅 | 李昂｜著 | 定價330元 |
| 041 金剛經尋寶 | 陳念萱｜著 | 定價300元 |
| 042 惡之幸福 | 楊索｜著 | 定價280元 |
| 043 只要不忘就好 | 韓良憶｜著 | 定價300元 |
| 044 明天吹明天的風：一位精神科醫師脫下白袍之後 | 張學岑｜著 | 定價280元 |
| 045 台南的樣子 | 王美霞｜著 | 定價320元 |
| 046 你本就擁有的完美生命：讓每一口呼吸都喜悅圓滿的方法 | 夏鉑坦貢仁波切｜著 | 定價300元 |

## 生命有路

| | | |
|---|---|---|
| 001 發現治癌大藥 | 趙中月・田原｜著 | 定價350元 |
| 002 子宮好，女人才好 | 田原｜著 | 定價320元 |
| 003 破解男題：男性與家庭的健康權威讀本 | 王琦、田原｜著 | 定價330元 |
| 004 人體臉書：降低80%發病機會的身體觀測要領 | 田原｜著 | 定價330元 |
| 005 吃對你的菜，個性自然改，好運就會來：專屬你的身體最需要的蔬菜排行榜 | 王琦、田原｜著 | 定價330元 |
| 006 磨食：健康長壽者共同的祕訣 | 胡維勤｜著 | 定價330元 |
| 007 好夢對策：不可忽略的健康解密 | 王鳳香｜著 | 定價320元 |

## 乘著聲音的翅膀

| | | |
|---|---|---|
| 001 孤獨六講有聲書 | 蔣勳｜著 | 定價750元 |

## 解生命的題

| | | |
|---|---|---|
| 001 靈魂的自由 | 伊能靜｜著 | 定價280元 |
| 002 這時候，博杯就對了！ | 丁家福 等｜著 | 定價300元 |

## 健康養生策略

| | | |
|---|---|---|
| 001 拒絕感流行——新舊流感都不怕的防疫養生書 | 盛竹玲｜著 | 定價168元 |

## 看事物的愉悅

| | | |
|---|---|---|
| 001 器・手作 | ZAMAMA金屬物件工作室｜著 | 定價260元 |
| 002 成語迷宮 | 黃慶桓｜著 | 定價200元 |
| 003 蛇女蕾米雅 | 濟慈｜著・葉欣｜譯 | 定價220元 |
| 004 唱片收藏面面觀：一個樂迷到收藏家的歷程 | 郭思蔚｜著 | 定價420元 |

## 有鹿文化出版品選買與採購

定價如有調整，依書後版權頁所列爲準

- **實體書店**——歡迎至誠品、金石堂、紀伊國屋、何嘉仁、敦煌、法雅客、墊腳石等連鎖書店或地區型各大小書店選購。
- **網路書店**——歡迎至博客來、金石堂、誠品或其他網路書店訂購。
- **官網**——提供出版書籍、活動訊息、相關報導，以及影音剪輯等最即時、完整的出版資訊。www.uniqueroute.com
- 如遇到有鹿文化書籍任何相關問題，歡迎來電或向紅螞蟻圖書有限公司洽詢。

有鹿文化讀者服務專線｜02-2772-7788　紅螞蟻圖書服務專線｜02-2795-3656

## 有鹿文化全書系，照顧您的身心靈

### 看世界的方法

| | | | |
|---|---|---|---|
| 001 | 美的曙光 | 蔣勳｜著 | 定價350元 |
| 002 | 用美拚經濟 | 有鹿文化｜編撰 | 定價99元 |
| 003 | 蒙娜麗莎微笑的嘴角 | 林文月｜著 | 定價280元 |
| 004 | 愛吃鬼的華麗冒險 | 李昂｜著 | 定價320元 |
| 005 | 身體褶學 | 張小虹｜著 | 定價280元 |
| 006 | 人生的旅行存摺 | 邱一新｜著 | 定價350元 |
| 007 | 飛魚・百合 | 廖鴻基｜著 | 定價280元 |
| 008 | 最絢麗的黃昏過後 | 林 稚行｜著 | 定價300元 |
| 009 | 一閃一閃亮晶晶 | 林正盛 等｜著 | 定價350元 |
| 010 | 般若心經的生活觀 | 星雲大師｜主講 | 定價270元 |
| 011 | 創作的型錄 | 許悔之｜著 | 定價280元 |
| 012 | 青山青史——連雅堂傳 | 林文月｜著 | 定價280元 |
| 013 | 資本主義有怪獸 | 張小虹｜著 | 定價280元 |
| 014 | 成就的祕訣：金剛經 | 星雲大師｜著 | 定價280元 |
| 015 | 笨蛋！問題在領導 | 南方朔｜著 | 定價280元 |
| 016 | 孤寂星球，熱鬧人間 | 呂政達｜著 | 定價280元 |
| 017 | 溼地 石化 島嶼想像 | 吳晟・吳明益｜主編 | 定價350元 |
| 018 | 愛情，考古學 | 薇薇夫人｜著 | 定價250元 |
| 019 | 各就各位 | 羅位育｜著 | 定價250元 |
| 020 | 如果漏讀人性，成功總是差一步 | 王溢嘉｜著 | 定價280元 |
| 021 | 如果沒有女人，男人何必穿褲子 | 王溢嘉｜著 | 定價280元 |
| 022 | 人海慈航：怎樣知道有觀世音菩薩 | 星雲大師｜著 | 定價350元 |
| 023 | 漏網新魚：一波波航向海的寧靜 | 廖鴻基｜著 | 定價320元 |
| 024 | 因為有好心——一位平民律師的幸福密碼 | 李伸一｜著 | 定價320元 |
| 025 | 快樂，自信，做妖精——我從肚皮舞改變的人生 | 廖之韻｜著 | 定價270元 |
| 026 | 此生——肉身覺醒 | 蔣勳｜著 | 定價380元 |
| 027 | 別白忙了，兌現創意才是王道！ | 王溢嘉｜著 | 定價320元 |
| 028 | 小地方：一個人流浪，不必到遠方 | 賴鈺婷｜著 | 定價280元 |
| 029 | 種地書 | 蔡珠兒｜著 | 定價320元 |
| 030 | 活用禪：豁然開朗的人生整理術 | 王溢嘉｜著 | 定價280元 |
| 031 | 花轎、牛車、偉士牌：台灣愛情四百年 | 石芳瑜｜著 | 定價280元 |
| 032 | 孩子，請為我活下去 | 劉采涵｜著 | 定價280元 |
| 033 | 新編美的曙光 | 蔣勳｜著 | 定價380元 |
| 034 | 此時眾生 | 蔣勳｜著 | 定價320元 |
| 035 | 莊子陪你走紅塵 | 王溢嘉｜著 | 定價280元 |
| 036 | 抱願，不抱怨 | 釋果東｜著 | 定價280元 |
| 037 | 活出增值人生：20位名人通往幸福的大道 | 阿基師等｜著 | 定價280元 |
| 038 | GO!畫筆丟進背包裡：旅遊回憶輕鬆畫 | 劉國正｜著 | 定價320元 |
| 039 | 十種幸福之道：佛說妙慧童女經 | 星雲大師｜著 | 定價280元 |

國家圖書館出版品預行編目 (CIP) 資料

你本就擁有的完美生命：讓每一口呼吸都喜悅圓滿的方法／夏鉑坦真仁波切著；陳霞琳，楊啟萱，連秀卿／編譯 . -- 初版 . -- 臺北市 : 有鹿文化 , 2013.05　面；公分 . --（看世界的方法 ；46）
譯自：Living fully : finding joy in every breath
ISBN 978-986-6281-52-5（平裝）

1. 佛教修持 2. 生活指導

225.87　　102006407

【看世界的方法 046】

# 你本就擁有的完美生命
## 讓每一口呼吸都喜悅圓滿的方法

作者｜夏鉑坦真仁波切（Shyalpa Tenzin Rinpoche）
編譯｜陳霞琳・楊啟萱・連秀卿
整體美術設計｜謝佳穎

董事長｜林明燕
副董事長｜林良珀
藝術總監｜黃寶萍
執行顧問｜謝恩仁

總經理兼總編輯｜許悔之
行銷企宣經理｜孫正寰
主編｜林煜幃
財務暨研發主任｜李曙辛
美術編輯｜洪于凱
助理編輯｜施彥如

策略顧問｜黃惠美・郭旭原・郭思敏・郭孟君
顧問｜林子敬・詹德茂・謝恩仁・林志隆
法律顧問｜國際通商法律事務所・邵瓊慧律師

出版｜有鹿文化事業有限公司
地址｜台北市大安區濟南路三段 28 號 7 樓
電話｜02-2772-7788
傳真｜02-2711-2333
網址｜http://www.uniqueroute.com
電子信箱｜service@uniqueroute.com

總經銷｜紅螞蟻圖書有限公司
地址｜台北市內湖區舊宗路二段 121 巷 19 號
電話｜02-2795-3656
傳真｜02-2795-4100
網址｜http://www.e-redant.com

ISBN｜978-986-9281-52-5
初版一刷｜2013 年 5 月
初版第四次印行｜2013 年 6 月 5 日
定價｜300 元

2013年 6月20日.

林
志
全

購於誠品網.

06202013